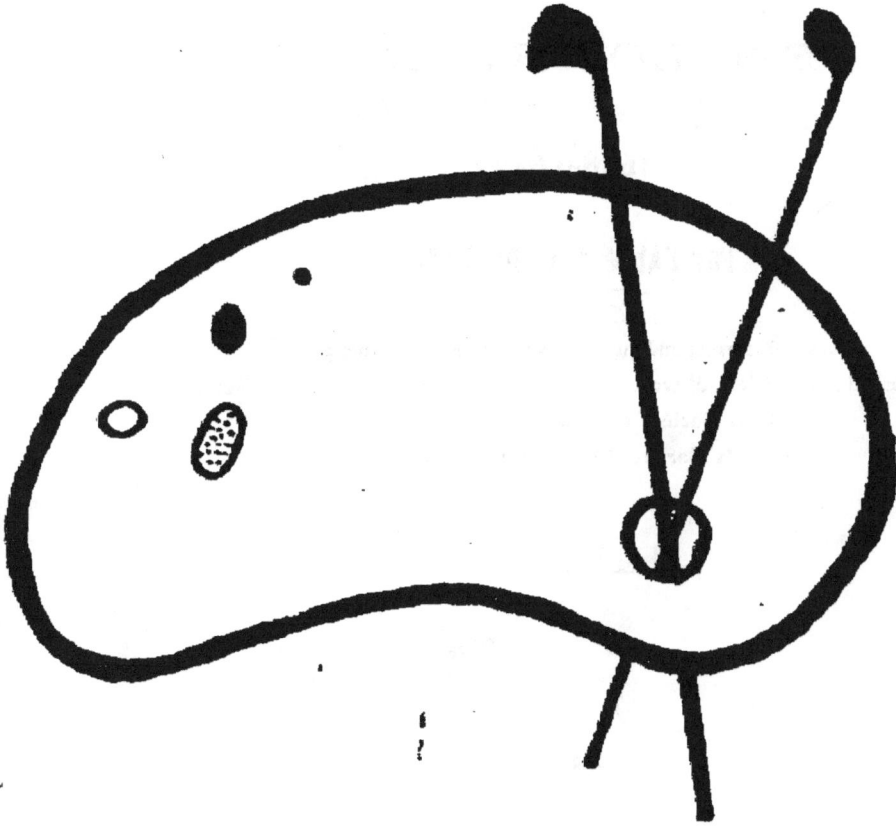

DEBUT D'UNE SERIE DE DOCUMENTS
EN COULEUR

LA CHARITÉ

DE

SAINT VINCENT DE PAUL

EN LORRAINE

1638-1647

Par l'Abbé J. F. DEBLAYE

Associé correspondant de l'Académie de Stanislas,
Membre de la Société d'Archéologie Lorraine, de l'Académie de Metz,
de la Société Philomatique de Verdun
et de la Société d'Emulation des Vosges.

Diligit gentem nostram
(Luc, VII, 5.)

NANCY

R. VAGNER, LIBRAIRE - ÉDITEUR

3, RUE DU MANÈGE, 3

1886

K

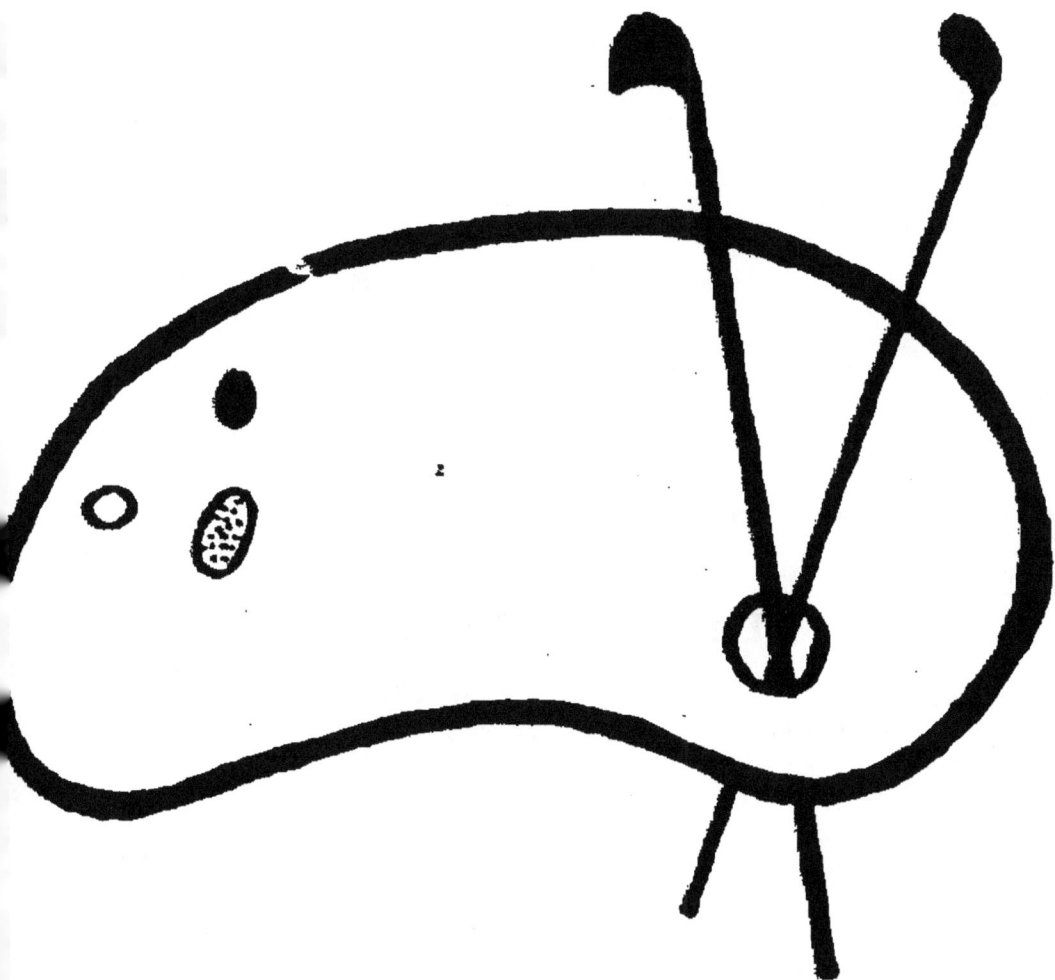

FIN D'UNE SERIE DE DOCUMENTS
EN COULEUR

LA CHARITÉ

DE

SAINT VINCENT DE PAUL

EN LORRAINE

1638-1647

LA CHARITÉ

DE

SAINT VINCENT DE PAUL

EN LORRAINE

1638-1647

Par l'Abbé J. F. DEBLAYE

Associé correspondant de l'Académie de Stanislas,
Membre de la Société d'Archéologie Lorraine, de l'Académie de Metz,
de la Société Philomatique de Verdun
et de la Société d'Émulation des Vosges.

Diligit gentem nostram
(Luc, VII, 5.)

NANCY

R. VAGNER, LIBRAIRE - ÉDITEUR

3, RUE DU MANÈGE, 3

1886

LA CHARITÉ

DE

SAINT VINCENT DE PAUL

EN LORRAINE

1638-1647

I. — RAISON DE CETTE ÉTUDE

Dans ces derniers temps, plusieurs de nos hagiographes ont pensé pouvoir attribuer à Pierre Fourier, pendant les dernières années de sa vie, le zèle et l'action charitable qui caractérisent saint Vincent de Paul parmi et au-dessus de tous les héros de la sainteté et de la charité. Même en exaltant les Saints, il faut éviter l'exagération et s'abstenir de ces expressions déclamatoires qui, prises à la lettre, deviendraient facilement des erreurs.

Les Biographies vosgiennes, par Vuillemin (in-8°, 1848, page 130), appellent Fourier « le Vincent de « Paul de la Lorraine ». Ch. Charton (Vosges pitto resques et historiques, in-12, 1862, page 324) s'exprime de même : « A juste titre Fourier a été appelé « le Vincent de Paul de la Lorraine. Tous les historiens l'appellent ainsi... Le génie de la charité « inspirait sa conduite et soutenait ses efforts...... Il « entra en outre dans ses hautes conceptions... de « créer des hôpitaux....

L'abbé Barthélemy (Hist. du B. P. Fourier, 1864, t. II, p. 349), parle dans le même sens : « Voici « pour le B. Père Fourier de nouvelles et plus rudes « épreuves. Fils dévoué de la Lorraine, il va voir sa « Patrie ravagée tout à la fois par la guerre, la peste « et la famine. Père de trois familles spirituelles, il « les verra atteintes par ces terribles fléaux et ressen- « tira tous les maux endurés par ses enfants. Mais « son courage ne faiblira pas, il grandira avec les in- « fortunes, et, dans ce déluge de calamités, on verra « ses vertus briller d'un nouvel éclat. Prédécesseur de « saint Vincent de Paul, il montrera le même infa- « tigable dévouement. »

L'abbé Darras (Vie des SS., édit. de 1864, 7 juillet) est plus explicite encore : « Pierre Fourier fit des aumônes innombrables, mendiant partout pour ses pauvres affamés, une besace à la main. »

Paul Guérin (Petits Boll., 7e édit., 1869, au IX décembre) a renchéri sur tous les autres : « Charité de « P. Fourier pendant les guerres de Lorraine. — « Mais sa charité s'étendit aux besoins du corps « comme à ceux de l'âme; il trouva toujours du pain « pour ceux qui avaient faim, des remèdes pour ceux

« qui souffraient de la maladie ; des vêtements pour
« ceux que la misère rendait nus. Il le faisait non
« seulement dans sa paroisse, mais dans les paroisses
« voisines et au loin pour les multitudes de malheu-
« reux dans toute la Lorraine. On ne s'expliquerait pas
« où il pouvait puiser des ressources si abondantes,
« si l'on ne savait que la Providence a des trésors
« cachés dont les Saints sont les admirables éco-
« nomes. »

M. Chapia, d'après lequel MM. Paul Guérin et
Darras ont écrit leurs notices sur Fourier, a peut-être
donné lieu à ces jugements fautifs sur le Bon Père de
Mattaincourt, par cette phrase que nous lisons au
commencement du chapitre « des misères de la Lorraine » (1ʳᵉ édit., 1850, tome I, p. 312): « La cha-
« rité de Fourier va être mise à une épreuve plus
« forte que l'infortune ; elle débordera comme dé-
« borde une eau exposée à une vive chaleur. Nous
« verrons un nouveau Charles Borromée, ou bien
« encore nous aurons d'avance une idée de saint Vin-
« cent de Paul, dont il sera comme le précurseur. »

La pensée vraie de M. l'abbé Chapia n'est pas dans
ces phrases oratoires, mais dans cet autre passage,
(1ʳᵉ édition, pages 369-370), lequel a été reproduit
presque mot pour mot, dans les trois autres éditions
subséquentes :

« Richelieu doit être content : il règne enfin.... sur
« un désert. O Vincent de Paul, hâte-toi ! Que ta
« main, seule main française que l'Europe trouve à
« bénir en ce temps-là, — seule main française à la-

« quelle il avait été permis alors de répandre en de-
« hors non pas des maux, mais des bienfaits, —
« vienne sauver l'honneur de la patrie (d'une patrie
« que nous aimons), et empêcher des plumes véri-
« diques d'être réduites à la maudire ! Toi du moins
« tu laisseras voir ce que le peuple de saint Louis ren-
« fermait encore de bon et les précieux restes de ver-
« tus que savaient trop bien comprimer dans son
« sein les *habiles* qui le dirigeaient. Charitable rival
« de Fourier, parais ! Que Dieu te mette en scène ! il
« en est temps : Quand le pilote audacieux de la
« France se montre audacieusement traître à l'Église,
« à la Justice, à la plus vulgaire humanité... toi,
« viens essayer de couvrir, sous des immenses au-
« mônes, les immenses forfaits de ton heureux com-
« patriote. Et que ta robe de prêtre fidèle, ô Vincent,
« soit comme un voile de pitié qui cache et dérobe,
« s'il est possible, aux coups de l'histoire vengeresse,
« une trop célèbre barrette, tout humide de sang
« humain. »

Il est bien évident que M. Chapia, le premier et
le seul de nos hagiographes, qui après Bédel, Piart et
d'Hangest, se soit mis à étudier sérieusement l'histoire de Pierre Fourier, laisse exclusivement à Vincent
de Paul la gloire de sa grande action charitable en
Lorraine et ne revendique pour son Héros aucune
partie de ce rôle. Ceux qui ont écrit autre chose dans
le sens que je viens d'indiquer, ont écrit avec trop de
précipitation et sans peser la portée de leurs affirma-
tions. Assurément, ils voulaient glorifier Pierre Fou-

rier ; mais ils avaient oublié que l'exagération, même de ce qui est bien, est une erreur et que la glorification ne procède que de la vérité. La louange des Saints est une œuvre très pieuse et très juste, mais elle ne doit se faire et n'existe réellement que dans la mesure du vrai.

Oui, Pierre Fourier possédait toute l'héroïcité de charité qui remplissait le cœur de Vincent de Paul ; mais il ne possédait, ni ne pouvait posséder les ressources de Vincent de Paul pour la pratique de cette charité. Pierre Fourier et tous les siens, les Chanoines Réguliers et les Religieuses de la Congrégation de Notre-Dame, étaient comme tous autres, victimes de la ruine commune, et ils étaient totalement paralysés, c'est-à-dire privés de toute puissance d'action et réduits à la pratique des vertus passives et humbles de patience, de résignation et de pénitence.

Pour apporter un secours notable à la grande misère de notre Province, il fallait habiter une autre contrée riche et puissante telle qu'était Paris ; il fallait en outre y posséder une haute position, une influence sans égale, telle que l'avait le seul Vincent de Paul. Pierre Fourier à cette époque ne pouvait aller en France et encore moins à Paris ; et y fût-il allé, qu'il n'aurait pu en tirer aucune ressource. La Franche-Comté où il se réfugia fut, à peu de chose près, et presqu'aussitôt, aussi ruinée que la Lorraine où les nobles eux-mêmes, et les plus opulents à une autre époque ainsi que les monastères étaient tombés dans l'extrême détresse. Il y avait donc une impossibilité matérielle absolue à ce que Pierre Fourier entreprît ce rôle de charité en Lorraine.

D'ailleurs Dieu seul est parfait et infini dans toutes ses perfections. Les créatures mêmes les plus saintes n'ont qu'une perfection limitée ; c'est pourquoi Dieu a départi à chacun de ses Saints une mission spéciale, un rôle particulier à remplir ; et pour cela il lui a choisi son temps et sa place, et l'a doué d'un génie propre et d'aptitudes déterminées qu'il n'a pas données à tous autres. C'est ainsi que François de Sales, Pierre Fourier et Vincent de Paul qui vécurent dans le même temps et dans les contrées toutes voisines, ont chacun leur personnalité très distincte et une vie entièrement propre.

A Pierre Fourier la gloire d'humbles et héroïques vertus !

A Vincent de Paul la gloire des œuvres d'une merveilleuse charité !

Les biographes de Pierre Fourier seraient bien plus dans le vrai en nous mettant sous les yeux les déchirements de cœur, le véritable martyre moral, l'impuissance presqu'absolue, l'anéantissement auquel il fut condamné pendant les dernières années de sa vie : toutes épreuves qu'il supporta avec une humilité, une douceur et une résignation incomparables. Il souffrit des extrêmes misères qui l'entouraient de toutes parts, mais il souffrit bien plus encore de son impuissance à y apporter remède ou adoucissement. Il ne pouvait pas même venir comme il l'eût fallu au secours de ses pauvres paroissiens aux abois. Un jour il

fut tellement affligé en apprenant leur misère dès son
arrivée parmi eux, qu'il passa trois jours entiers sans
pouvoir prendre de nourriture : et qui eût-il imploré
pour l'aider dans une œuvre de relèvement ? Ce
n'étaient pas les grands seigneurs lorrains ses amis,
alors « réduits à faire grillade du cuir de leurs car-
rosses. » Ce n'étaient pas davantage les monastères
de la Congrégation de Notre-Dame : tous ceux de
Lorraine étaient alors aux abois et presque tous lui
étaient fermés.

Mais il souffrit bien plus encore de ne pouvoir plus
rien pour cette chère Congrégation de Notre-Dame,
dont il ne pouvait plus hanter même les monastères
de Lorraine et qui subissait une direction qui lui
était toute contraire. Pour ne causer aucun ombrage
aux seigneurs évêques, prévenus aveuglément contre
toute ingérence de lui et des siens dans les monastères des Religieuses, il lui fallut s'abstenir très rigou-
reusement de donner même un avis à celles-ci sur
une affaire quelconque. « En suite de la résolution
« que j'ai prise, écrivait-il aux Religieuses de Véze-
« lise (Pesmes, 14 mai 1636), je n'ai voulu donner
« conseil à plusieurs d'entre les Religieuses qui m'en
« avaient demandé, comme celles de Mirecourt, de
« Saint-Mihiel, de Saint-Nicolas et autres, et je leur
« ai toujours répondu : Adressez-vous à Dieu, au
« seigneur Evêque... Celles de Mirecourt ont ainsi
« pris leur résolution sans nous, par ensemble, avec
« Dieu et leur supérieur ; et, à raison des grandes
« obligations que nous leur avons, nous sommes

« venus jusques ici avec elles, à leurs instantes
« prières, ainsi que nous eussions fait pour les Carmé-
« lites et les Annonciades... Nous persévérons à ne
« leur vouloir rien conseiller et ne savent à quoi elles
« pourront se résoudre. »

La dernière douleur de Pierre Fourier fut la nécessité de son exil : abandonner sa patrie eût toujours
été pour lui un cruel déchirement ; mais l'abandonner déchirée et agonisante dut briser son cœur lorrain. En outre, cet exil de Lorraine couvrait bien
d'autres sacrifices et déchirements. Ah ! il faut bien
plus de force pour accomplir un humble et obscur
devoir, que pour affronter un danger extrême ou
faire une action très éclatante. Aussi, il fallut à Fourier un rare courage pour faire son devoir, alors que
ce devoir l'éloignait de toute action héroïque et le
condamnait à tout effacement, de peur de provoquer
la ruine violente et irréparable de ses Congrégations.

La vertu, la sainteté, la gloire de Pierre Fourier,
pendant les dernières années de sa vie, fut donc le
plus complet, le plus absolu et le plus douloureux
renoncement, et nullement l'accomplissement des
grandes œuvres de la charité.

J'ai cru nécessaire de noter cette erreur de quelques modernes biographes, non certes pour amoin-
drir la gloire de Fourier, en enlevant à sa couronne
un beau rayon de sainteté, car cette couronne reste
complète et très éclatante ; mais afin que cette inter-
prétation, dénuée de tout fondement historique, ne
puisse prendre crédit, ni dans le peuple, ni parmi

ceux qui écrivent trop au courant de la plume, en suivant leur imagination, plutôt qu'en consultant les documents historiques.

J'ai voulu ensuite étudier très sérieusement l'action charitable de Vincent de Paul en Lorraine, elle est racontée non pas dans les historiens de notre Province, contemporains ou postérieurs aux faits, mais à peu près exclusivement dans les biographes de Vincent et principalement dans Abelly et dans Collet qui ont écrit d'après les documents originaux, puis dans l'abbé Maynard qui a profité des deux premiers, sans presque faire d'autres recherches.

Cette étude m'a tellement intéressé que j'ai voulu la compléter encore, en ajoutant au récit des hagiographes de Vincent quelques notions et documents empruntés à l'histoire de Lorraine ; puis j'ai divisé le récit en chapitres, afin que la lecture en soit plus facile ; enfin, j'ai résumé dans un chapitre final ce que j'ai trouvé dans nos auteurs concernant cette question.

J'ai osé penser qu'il convenait de publier cette histoire de la charité de Vincent de Paul en Lorraine, espérant qu'elle sera accueillie du public avec bienveillance. N'est-elle pas un complément indispensable à l'histoire de la Guerre de Trente-Ans ? N'est-elle point l'acquit de la plus juste reconnaissance due par toute la Lorraine au bienfaiteur le plus insigne qu'ait pu rencontrer une province plongée dans les plus extrêmes épreuves ? Cette dette de reconnaissance n'a pas encore été payée, car pas un seul monument, pas même une inscription publique ne constate la charité de Vincent de Paul en Lorraine. Enfin, ce récit a par lui-même un intérêt extraordinaire et très fortifiant après les scènes si désolantes de cette longue et cruelle guerre.

II. — MALHEUREUX ÉTAT DE LA LORRAINE

DE 1631 A 1639

Il est impossible de donner une idée exacte de l'excès de misère dans laquelle la Lorraine était tombée quand (en 1639) Vincent de Paul vint au secours de sa détresse. Sans citer un grand nombre de faits et reprendre les choses d'assez haut, je veux cependant éviter l'excès de longueur. De 1628 à 1630, les récoltes furent mauvaises, il en résulta la disette. La peste survint en 1629, envahit bientôt tout le pays et sévit pendant cinq ou six années. En 1630 et 1631, Charles IV se brouilla avec le roi de France par son alliance avec Gaston d'Orléans, qui épousa Marguerite de Lorraine le 3 janvier 1632, et, par sa campagne d'Alsace contre Gustave-Adolphe. Louis XIII envahit le Barrois, et le 26 juin 1632 fut signé le traité de Liverdun, qui lui livra le baillage de Clermont avec les villes de Stenay et Jametz. Déjà le traité de Vic du 6 janvier lui avait livré les villes de Moyenvic et de Marsal. La guerre de Trente-Ans avait commencé.

C'est en 1633 que Callot publia sa collection des « Misères de la Guerre », peinture déjà vraie de la malheureuse Lorraine qui n'était pourtant pas au comble de ses maux. Mais dès ce temps, elle eut à souffrir et des armées françaises qui l'envahirent, et des levées de Charles IV, lesquelles formées souvent d'aventuriers, y vivaient comme en pays de conquête. Les registres des receveurs lorrains de 1633 sont déjà remplis de demandes de remises d'impôts fondées sur l'exposé de dégâts et de ruines épouvantables. De mai en octobre, la peste revint visiter Nancy et quantité de villes et villages. La récolte fut mauvaise, et le blé s'éleva à des prix inabordables.

Le 25 septembre 1633, Louis XIII s'empara de Nancy et y mit une forte garnison. Tous les membres de la famille ducale s'échappèrent comme ils purent pour sauver au moins la liberté de leurs personnes. Charles IV abdiqua en janvier 1634 et gagna la Franche-Comté ; le 1er avril, Nicolas-François s'évada de Nancy avec la princesse Claude sous un déguisement et gagna Besançon, puis la Toscane.

En 1635, Charles IV, vainqueur des Suédois à Nordlingen, revint pour reconquérir ses Etats. Louis XIII vint en personne prendre la ville de Saint-Mih'el ; la ville de Saint-Nicolas fut pillée en novembre par les Hongrois, les Français et les Suédois qui l'incendièrent. Nombre d'autres villes furent prises et traitées à peu près comme Saint-Nicolas ; Vic et Château-Salins furent la première proie de l'armée franco-suédoise sortant du bourg de Saint-Nicolas, et furent traitées sans merci. Saint-Mihiel avait été prise par Louis XIII le 3 octobre 1635, mise à une rançon écrasante avec démolition de ses fortifications : celles de Nancy avaient été mises en démolition aussitôt sa prise, fin septembre 1634. L'incendie et la sape ruinaient toutes les villes et forteresses au fur et à mesure de leur prise, en attendant le décret de démolition général promulgué le 1er février 1636.

La malheureuse Lorraine était alors foulée par sept corps d'armée à la fois : trois corps de troupes françaises, deux corps d'Impériaux, commandés par Jean de Werth et Gallas ; le corps du duc Charles, et enfin le corps des Suédois, commandé par le duc de Saxe-Weymar : c'était un total de 150,000 hommes, sans compter les valets et les femmes qui s'élevaient encore au chiffre de 50,000. Tout cela vivait à discrétion sur le sol lorrain : tout le blé qui restait dans la province était réquisitionné, ou pris et transporté dans les forteresses. Les armées exigeaient tour à tour de grosses contributions. Les Suédois, lâchant la bride à leurs passions luthériennes, dévastèrent les églises et les monastères, ne respectant ni les objets du culte ni les vierges consacrées à Dieu. Une de leurs bandes portait pour étendard une figure de femme fendue du haut en bas et environnée de soldats armés de glaives et de torches, avec ce mot : « Lotharingia. » Trop fidèle image en effet de la malheureuse Lorraine. « Weymar voulait esteindre « même le nom lorrain, parce que disait-il, tant qu'il « resterait des Lorrains, le roi de France ne pourrait

« réduire leur province et la conserver dans sa jouis-
« sance, et qu'il était plus facile d'exterminer la na-
« tion lorraine, que d'oster du cœur de ses habitants
« l'amour qu'ils avaient pour leur souverain. Aussi les
« Suédois ne faisaient aucun quartier aux Lorrains,
« dont ils n'espargnaient que les femmes et les petits
« enfants. Aussi ils accumulaient meurtre sur meur-
« tre. Par tout le pays, on ne voyait de tous côtés
« qu'incendies, massacres et pillages. » (Abram-Mus-
gotus, page 75, ms. Bibliothèque de Nancy.)

Les Français marchèrent trop, quoique de loin,
sur les traces des Suédois. Mais les bandes de Hongrois et de Croates qui suivaient Gallas et Charles IV
rivalisèrent avec eux de brigandages. Les Lorrains
eux-mêmes, chassés de leurs demeures, ayant tout
perdu, s'emparaient des châteaux et vivaient de vols
et de pillages.

L'hiver de 1635 - 1636 fut surtout désastreux.
L'agriculture était abandonnée ; il n'y avait plus ni
semailles ni moissons. Les vivres s'élevaient à un prix
excessif et lorsque tout fut consommé, la famine se
répandit partout : « Une grande partie des Lorrains
« moururent de faim ; celle qui resta, ne trouvant
« plus d'herbes pour se nourrir, mangea tout ce
« qu'il y avait de plus sale et de plus dégoûtant,
« comme les charognes des chiens, des chevaux et
« des chats, qui souvent étaient pourris et exhalaient
« une odeur insupportable. Il y en eût même plu-
« sieurs qui, pour soutenir leur misérable vie, ne
« trouvant rien, mangèrent les cadavres des hommes

« qui avaient été tués ou étaient morts de faim. Il y
« en eût aussi qui allaient à la chasse des hommes,
« comme on va à la chasse aux lièvres. Ils tendaient
« des embûches pour les attraper et les manger en-
« suite. D'autres ouvraient la terre où l'on avait ré-
« cemment enterré le corps de leur père et mère et
« d'autres parents, et les en tiraient et les man-
« geaient. On « condamna à Mirecourt, au dernier
« supplice, une femme qui fut convaincue d'avoir tué
« son petit enfant et de l'avoir mangé ensuite. En-
« fin il y eut tant d'autres abominations, que j'aurais
« honte de les publier, et que la postérité ne vou-
« dra jamais croire. » (Idem, ibid.)

En outre la peste avait éclaté de nouveau en 1635
et le mouvement continu des armées empêchait de
prendre aucune mesure sanitaire. Aussi fit-elle
des ravages horribles : la dépopulation fut effroyable.
A Frouard, où l'on comptait 100 ménages en 1633,
il n'y avait plus que cinq ou six pauvres habitants.
Buissoncourt est désert ; pas d'impôts possibles à
Houdemont, à cause des misères du temps ; il n'y a
plus personne à Parey-Saint-Césaire et dans les villages du Vermois, Art-sur-Meurthe, est réduit de
42 conduits à 6 ; Crévic, de 256 habitants à 10 ; Lay-
Saint-Christophe et Eulmont, de 181 à 12 ; la Neu-
ville, de 75 conduits à 10 ; Malzéville, de 228 à 46 ;
Mangonville, de 24 à 1 ; Roville, de 33 à 1 ; Richard-
ménil, de 29 à 5 ; et Vandœuvre, de 57 à 14. Les
malheurs furent plus grands dans les autres parties de
la Lorraine et du Barrois, loin des yeux des généraux

français. La démolition des forteresses féodales, décrétée sous prétexte de mettre fin au brigandage, fut un remède pire que le mal : les Croates et brigands lorrains et étrangers se répandirent dans tout le pays, et semèrent partout la dévastation et la misère ; en outre la Lorraine y perdit pour toujours ses plus curieux édifices.

Toute l'année 1636, Français et Suédois vécurent à discrétion dans les Duchés, les terres y demeurèrent en grande partie incultes, la récolte fut presque nulle. D'août en novembre, la peste revint emporter ce que la faim avait épargné. Trop insensible à tant de maux, malgré un fonds de bonté naturelle, Charles IV passa l'hiver à Bruxelles, dans les plaisirs.

Les hostilités recommencèrent au printemps de 1637 qui fut signalé par le scandaleux mariage de Charles IV avec Béatrix de Cusance, princesse de Cantecroix, du vivant de Nicole. Charles reprit les villes de Remiremont, d'Epinal, de Charmes, de Châtel, etc., qui ne demeurèrent pas longtemps en son pouvoir. Peut-être la Lorraine fut moins foulée par les armées ; mais elle fut encore plus ravagée par les brigands, qualifiés du nom de Croates auxquels les Français donnaient vivement la chasse. On ne jouissait de quelque repos que dans les villes fermées. Pour la septième fois, la peste vint faire sa cruelle visite et fut suivie d'une famine affreuse. Dom Cassien-Bidot écrit à cette date dans son Journal : « La « misère continue à être si extrême partout que plu- « sieurs sont morts de male faim. Les carnages et

« bêtes mortes sont recueillis des pauvres gens,
« comme de bonne viande. Ce qui augmente les
« calamités, c'est l'extrême froid qu'il a fait, qui en
« a fait mourir un grand nombre. Partie des pauvres
« villageois s'étant retirés aux bois, les autres de-
« meurant dans leurs cabanes toutes ruinées, desti-
« tuées de bois, sont péris. En sorte que l'on trouve
« des villages, qui étaient peuplés comme de petites
« villes, tout déserts, sans être habités que de peu
« de gens si hâves, si décharnés, qu'on les prendrait
« pour des squelettes. »

Beaucoup de villages étaient entièrement abandonnés, et ils ont fini par disparaître. On s'est occupé à
en dresser la liste. Plusieurs, encore aujourd'hui, sont
représentés par un hameau, une ferme, un moulin;
de beaucoup d'autres, il ne reste que le nom. A ces
deux catégories appartiennent 80 bourgs ou villages,
à peu près disparus, auxquels il faut joindre quantité
de hameaux, de censes, de maisons isolées, de cha-
pelles, de maladreries et d'ermitages entièrement détruits. Pour rencontrer pareille calamité, il faut re-
monter jusqu'à la guerre des Juifs et au sac de Jérusalem. Le P. Caussin, confesseur de Louis XIII, a
encore enchéri sur cette comparaison, lorsqu'il a dit
que l'excès des calamités de la Lorraine avait sur-
passé celui de la malheureuse Jérusalem. « *Sola Lotharingia Hierosolymam calamitate vincit.* »

L'année 1638 s'ouvrit sous des auspices non moins
fâcheux. La guerre, il est vrai, eut d'abord la
Franche-Comté pour théâtre; mais elle revint en Lor-

raine avec Charles IV. Il était entré en campagne avec une armée d'environ 8,000 hommes, sans vivres et sans munitions. Son arrivée fut pour la province le signal de nouvelles hostilités.

Turenne la traversa avec des troupes qu'il menait en Alsace au duc de Saxe-Weymar, qui allait assiéger Brisach. En même temps, Remiremont, Épinal, Lunéville et toutes les autres places qui étaient au pouvoir des Lorrains furent assiégées et reprises par les Français. A la requête de l'Empereur, Charles était repassé en Alsace : il fut battu et revint au secours de Lunéville qu'il trouva prise ; il alla reprendre ses quartiers d'hiver en Franche-Comté.

Les années suivantes nous offrent les mêmes détails d'une désolante monotonie. En janvier 1641 notamment, Charles IV repassa en Lorraine avec quatre ou cinq mille hommes qui aggravèrent la position du pays. A cette date, les registres des receveurs constatent une dépopulation toujours croissante, une disette plus rigoureuse, une mortalité plus étendue. Nancy même eût été désert sans les réfugiés qui lui venaient des campagnes. Les ouvriers se retiraient à l'étranger pour y chercher du travail et du pain. Toutes les classes de la société étaient réduites à la même indigence. Les familles nobles étaient aussi dépourvues que le paysan. Les prêtres, après avoir vendu, pour vivre et soutenir leurs paroissiens, les vases sacrés de leurs églises, abandonnaient leurs postes et erraient au hasard. Les religieuses cloîtrées, qui n'osaient rompre leur clôture, manquèrent de périr d'inanition, et la cloche destinée à appeler la charité publique à leur secours, ne cessa de tinter pendant des mois entiers. Mais la charité épuisée ne les aurait pas sauvées de la mort, si le roi ne leur eût fait d'abord distribuer une ration de pain comme aux soldats.

Cependant, la persécution continuait contre les Lorrains fidèles à leur Prince. Il fut même question de les transporter en Amérique, et on l'eût fait sans le maréchal de la Force qui, quoique protestant, s'opposa à ce projet barbare. En compensation, on les soumit à des intendants et gouverneurs, qui leur faisaient presque regretter l'exil et la transportation.

En 1641, Richelieu, fatigué peut-être de la guerre, attira à Paris Charles IV, qu'il savait très irrité contre ses alliés, et ouvrit des négociations, qui amenèrent le traité dit de Saint-Germain (2 avril), et la trève qui fut appelée la Petite-Paix. Elle rendait la Lorraine à son souverain, mais plus mutilée que jamais. Un traité, dicté par la ruse et imposé par la violence, ne pouvait tenir, et la guerre reprit son cours, après une suspension d'armes de trois mois.

Richelieu, revenant avec une obstination nouvelle à son projet d'annexion, poussa la guerre à outrance. En 1642, la famine fut si extrême, que d'âge d'homme, jamais on n'avait vu le pain si cher. La mort du cardinal (4 décembre 1642) ne changea rien à cette triste situation. Mazarin nomma un gouverneur qui mérita l'horrible surnom de *Boucher de la Lorraine*, ce fut le maréchal de la Ferté-Senneterre.

Ses rigueurs n'eurent qu'une seule compensation favorable : c'est que, grâce à la sévère discipline qu'il
maintint dans son armée, on put commencer à reprendre sur quelques points la culture des champs.
Mais les années qui suivirent ne purent rétablir la
Lorraine. Elle ne respira même pas par le traité de
Westphalie, signé à Munster le 25 octobre 1648, où
l'empereur ne voulut pas comprendre le duc Charles IV.

III. — INTERVENTION CHARITABLE DE VINCENT
DE PAUL

C'est au milieu de ces armées, de cette peste et de cette famine, de ces crimes et de ces malheurs, de ces morts et de ces mourants, que Vincent se jeta avec sa seule charité. En apparence, c'était une intervention téméraire, alors que la force et le droit, les armes et les négociations étaient réduits à une égale impuissance ; alors que la France épuisée par cinq armées qu'elle entretenait à la fois, n'avait plus rien à consacrer aux malheureux ; alors que la prudence faisait une loi de réserver pour un avenir plein de menaces ce que le présent n'avait pas encore dévoré.

Mais comment Vincent de Paul fut-il déterminé à entreprendre cette grande œuvre charitable en Lorraine ? Comment les malheurs de cette pauvre province parvinrent-ils à émouvoir sa pitié ? Dans ce même temps, trois de ses prêtres de la Mission venaient d'être installés à Toul, pour y prêcher et instruire les peuples, dans l'hôpital du Saint-Esprit fondé vers le milieu du XIII° siècle par Nemeric de cette ville. Cette maison s'était trouvée en si grand désordre par la mauvaise administration et conduite des Religieux qui en avaient la direction, qu'en 1635, sur les plaintes et remontrances de tous les ordres de la ville, du consentement des Religieux eux-mêmes, et de l'agrément de sa Majesté, par arrêt du 30 mars, Chrétien de Gournay, évêque de Toul, passa traité le 16 juin 1635 avec M. Vincent et en obtint trois prêtres qu'il substitua aux Religieux du Saint-Esprit. Ce fut l'origine du séminaire de Toul ; mais cette fondation commencée par Chrétien de Gournay qui mourut le 24 septembre 1637, ne fut terminée qu'en 1657 à la requête de Vincent de Paul, sous l'épiscopat d'André du Saussay, par l'extinction totale de la maison du Saint-Esprit et son union définitive à la Mission. (Archives de la Meurthe, fonds du séminaire de Toul. E 125).

C'est donc par ces missionnaires que Vincent connut le misérable état de la province et s'y intéressa. Il est probable que les premiers secours furent donnés dans la ville de Toul, l'année même de leur installation ; car le certificat des Religieuses Dominicaines que nous verrons tout à l'heure, mentionne le secours charitable donné aux compagnies françaises maltraitées par Jean de Werth en 1635.

Il est à noter que Metz, Toul et Verdun, que secourut d'abord Vincent, étaient des villes toutes françaises depuis que le roi Henri II s'était annexé la province des Trois-Evêchés, ès mois d'Avril et Juin 1552. Aussi aucune tentative ne fut faite contre ces villes pendant toute la guerre de Trente Ans, ni par Charles IV, ni par ses alliés. Mais de cela, il ne faudrait pas conclure que ces trois villes épiscopales aient été épargnées par la misère commune. La peste, la famine et la guerre ne connaissent ni barrières ni douanes. Nous verrons tout à l'heure que les capitales des Trois-Evêchés eurent une part à peu près égale dans la misère de la contrée : seulement, tout d'abord il fut peut-être plus facile de trouver à Paris des secours pour des villes toutes françaises que pour des villes lorraines ; ainsi, il organisa son entreprise charitable plus promptement, et sans heurter la susceptibilité nationale, car une bienfaisance restreinte ne pouvait suffire à sa charité, qui ne pouvait voir d'ennemis dans des hommes malheureux. Ceux qui souffraient davantage c'était son premier prochain, à qui il se dévouait davantage : ainsi il ne voyait dans les pauvres habitants de la Lorraine que des frères qu'il fallait secourir en proportion de leur misère. Il en forma aussitôt le projet ; mais la difficulté était de trouver les fonds nécessaires à cette immense entreprise qui était sans proportion avec les ressources d'un pauvre prêtre et n'eût pas demandé moins que la puissance d'une richesse royale.

Tout d'abord il imposa des privations à toute sa communauté de Saint-Lazare. En 1636, dès le temps du siège de Corbie, il avait retranché aux siens une petite entrée de table qui ne fut jamais rétablie. « N'est-il pas juste, disait-il, que nous retranchions « quelque chose pour compâtir et participer aux mi-

« sères publiques. » Mais dans le temps des malheurs
de la Lorraine il les réduisit au pain bis : « Voici le
« temps de la pénitence, dit-il alors ; puisque Dieu
« afflige son peuple, n'est-ce pas à nous autres prêtres,
« d'être aux pieds des autels, pour pleurer leurs
« péchés ? Cela est d'obligation ; mais de plus, ne
« devons-nous pas retrancher pour leur soulagement
« quelque chose de notre nourriture ordinaire ?
« Vraie charité chrétienne, qui fait du sacrifice le fond
« de l'aumône !

Mais ces privations ne pouvaient produire qu'une
économie insignifiante, eu égard à l'extrême détresse
qu'il fallait secourir. Il s'adressa donc aux dames de
son Assemblée et excita leur pitié par la peinture qu'il
savait si bien faire, des maux qu'il voulait guérir.
Quand il leur eut soufflé son esprit, il les envoya à
la recherche des trésors de la charité.

Lui-même recourut à la nièce de Richelieu, la duchesse d'Aiguillon, sa trésorière accoutumée ; puis à
Anne d'Autriche, qu'il invita à oublier son caractère
de Reine pour ne plus se souvenir que de ses obligations de chrétienne.

Anne d'Autriche ne savait rien refuser à Vincent ;
à défaut d'argent, elle lui donnait ses bijoux : une fois
un diamant de la valeur de 7,000 livres, une autre
fois un pendant d'oreilles qui fut vendu 18,000 livres
par les dames de la charité. Et comme la chrétienne
princesse demandait le secret : « Votre Majesté, lui
« répondit Vincent, me pardonnera si en cela seule-
« ment je ne lui obéis pas. Mais je ne puis cacher une

« si belle action de charité. Il est bon, Madame, que
« tout Paris, et même toute la France la connaisse et
« je crois être obligé de la publier partout où je
« pourrai. »

Voilà comment le fils d'un pauvre laboureur a pu
distribuer, dans le cours de sa vie, des aumônes dont
le total, suivant l'appréciation de François Hébert,
évêque d'Agen et ancien missionnaire, a dû dépasser
1,200,000 louis d'or, plus de 12 millions de livres.
(*Maynard, IV*, page 233.)

Il porta ses supplications jusqu'au roi lui-même,
qu'il pria de soulager des plaies que sa politique continuait d'ouvrir. En effet, dès le 14 décembre 1639,
à la prière de Vincent, Louis XIII accorda aux communautés de Lorraine un délai pour payer leurs
dettes : en février 1642, il délivra de semblables
lettres de répit à plusieurs communautés du bailliage
de Vosge.

Bientôt il se vit en état de sauver la vie et souvent
l'honneur, aux habitants de vingt-cinq villes et d'un
nombre infini de bourgs et de villages, réduits à la
dernière extrémité ; il recueillit les malades perdus
dans les bois ou couchés sur les places publiques, et
leur procura remèdes et secours ; il nourrit une multitude d'affamés ; il vêtit la nudité, non-seulement du
pauvre peuple, mais de la noblesse et du clergé, des
religieux et des religieuses, confondus dans la même
misère.

Il nous reste à exposer l'ordre et la méthode qui
furent suivis dans cette grande œuvre de la charité.

Nous les donnons d'après Collet, qui les a empruntés aux archives de la mission de Saint-Lazare (*Instructions et mémoires*, n° 12, ms. B, page 125).

Tout cela se fit avec cet ordre et cette économie que Vincent portait en toutes ses œuvres. Les distributeurs d'aumônes avaient leurs instructions. Ils ne devaient pas se rendre importuns auprès des bienfaiteurs, mais leur exposer simplement l'état des pauvres et leur rendre compte de l'emploi de leurs charités et des biens qui en étaient résultés.

« Pour connaître l'état des pauvres eux-mêmes, ils ne devaient ni s'en rapporter aux témoignages, ni se laisser gagner par les recommandations, mais s'assurer par eux-mêmes de leurs besoins, et avoir pour maxime d'assister toujours les plus misérables.

« A leur arrivée dans une paroisse, après avoir salué le Saint-Sacrement et le curé, ils s'informaient auprès de celui-ci de ceux de ses pauvres qui ne pouvaient ni gagner leur vie, ni la chercher : et s'étant fait indiquer leurs demeures, ils les allaient visiter eux-mêmes, prenaient leurs noms, et arrêtaient le nombre de ceux qui, dans chaque famille, devaient être admis à l'aumône, comme les vieillards, les veuves, les enfants et les malades.

« Après cet examen et ce dénombrement, ils achetaient du blé, car défense leur était faite de donner de l'argent, et priaient soit le curé, soit quelque femme charitable et accommodée de la paroisse, de faire cuire le pain nécessaire pour une semaine, et d'en distribuer à chaque pauvre, ou à chaque famille indigente, une quantité suffisante et réglée. Une somme d'argent était cependant laissée au curé et à la dame pour les malades qui, ne pouvant manger de pain, avaient besoin de potages.

« Le service charitable ainsi réglé dans la paroisse, ils passaient à une autre, puis à une troisième, puis aux plus ruinées de préférence, et parcouraient successivement toute une province. Ils revenaient ensuite sur leurs pas pour s'assurer si les distributions s'étaient faites fidèlement, pour acheter d'autre blé, et pour juger de ceux qu'il fallait soit retrancher de l'aumône, soit y admettre de nouveau.

« Cela s'étendait dans les proportions des besoins et des ressources. On n'avait pas en vue de mettre les pauvres hors de toute souffrance, mais seulement d'empêcher qu'aucun mourût faute de secours. »

Par cet ordre si sage, Vincent ménageait le trésor de l'aumône et le rendait suffisant à tous les extrêmes besoins. Il évitait d'offenser les évêques et les curés, les gouverneurs et les magistrats; il étouffait jusqu'aux murmures et aux réclamations des pauvres que la souffrance, trop souvent, irrite et pousse à l'injustice; enfin, il se mettait à même de justifier des sommes qui lui avaient été confiées, et d'en obtenir de nouvelles par la peinture comparée des maux soulagés et de ceux qui restaient à guérir.

Quoique les dames de l'Assemblée s'en rapportassent à sa charité et à sa prudence, jamais il ne disposait de rien sans prendre leur avis; jamais il ne faisait une dépense sans leur en accuser l'emploi.

Chambre délibérante et cour des comptes, l'assemblée des dames votait et contrôlait toujours le budget de la charité, dont Vincent ne semblait être que le rapporteur. Dans les grandes nécessités et les grandes entreprises, il remontait jusqu'à la Reine, dont il avait soin de prendre les ordres pour se couvrir de son autorité.

Toutes ces mesures prises, il envoya douze missionnaires sur divers points de la Lorraine, vrais « *Missi Domini* » de ce roi des bonnes œuvres. Il les avait choisis pleins de courage, de zèle et d'intelligence ; il leur adjoignit quelques frères de la congrégation de Saint-Lazare, dont les uns devaient servir de messagers charitables et les autres devaient soigner et panser les malades ; ils avaient des notions pratiques de médecine et de chirurgie et étaient pourvus de recettes contre la peste et diverses autres maladies : ils rendirent les plus grands services.

C'est en suivant ce plan qu'il sut tirer des sommes qui lui furent livrées, l'emploi le plus productif possible pour le soulagement des misères qui, presque en même temps que la Lorraine, écrasaient la Picardie, la Champagne, le Maine, l'Anjou, la Guyenne, les alentours et les faubourgs de Paris. Il est vrai que l'ardeur sainte qu'il sut communiquer aux plus puissantes familles de Paris les porta à faire, pendant près de vingt ans, des efforts que la postérité aura peine à croire ; mais comme le mal était presque universel, et dans le plus haut degré qu'on puisse concevoir, il fallait, si j'ose m'exprimer ainsi, multiplier, par l'attention et le bon ordre, des secours qui, quoique très considérables en eux-mêmes, ne laissaient pas d'être de beaucoup inférieurs aux besoins auxquels il fallait satisfaire.

IV. — TOUL

L'établissement de trois prêtres dans la ville de Toul, dès 1635, lui valut d'être la première à recevoir le bienfait de la charité de Vincent de Paul. Le plus ancien témoignage qui nous en reste est une lettre ou certificat de Jean Midot, grand archidiaire et vicaire général de l'évêché, le siège vacant, et conseiller au Parlement de Metz. Il est du mois de décembre 1639, il y est attesté : « Que les prêtres de « la mission continuaient depuis environ deux ans, « avec beaucoup d'édification et de charité, à soula- « ger, vêtir, nourrir et médicamenter les pauvres ; « premièrement les malades, dont ils ont retiré soi- « xante dans leur maison, et une centaine qui sont « logés dans les faubourgs ; secondement quantité de « pauvres honteux, réduits à une grande nécessité et « réfugiés dans cette ville, auxquels ils font l'aumône, « et en troisième lieu, plusieurs pauvres soldats reve- « nant des armées du Roy, blessés et malades, qui « se retirent aussi en la maison desdits prêtres de la « mission, et en l'hôpital de la charité, où ils les font « nourrir et traiter : desquelles actions charitables et

« de leurs autres départements les gens de bien de-
« meurent grandement édifiés. En témoignage de
« quoi, nous avons signé et fait contre-signer, etc.
« Décembre 1638. »

Ce certificat fut suivi de deux autres que donnèrent
les religieuses dominicaines des deux maisons de
Toul ; elles y rendaient justice à la charité que les
missionnaires avaient exercée tant envers deux régiments français qui, près de Gondreville, avaient été
fort maltraités par les troupes de Jean de Werth (1),
qu'à l'égard de leur propre maison à laquelle ils donnaient depuis deux ans et demi tous les secours de la
charité la plus attentive. « Ainsi, continuent les dames
du grand couvent, nous pouvons dire et nous di-
sons avec tout le diocèse de Toul : « Béni soit Dieu
« qui nous a envoyé ces anges de paix, dans un
« temps si calamiteux, pour le bien de cette ville et
« la consolation de son peuple, et pour nous en par-
« ticulier, à qui ils ont fait et font encore tous les
« jours des charités de leurs biens, nous donnant du
« blé, du bois, des fruits, subvenant ainsi à notre
« grande nécessité. Le sentiment intérieur nous
« presse d'en rendre ce témoignage, ce que nous fai-
« sons de très bon cœur. Ce 20 décembre 1639. »

(1) En 1635, 24 compagnies d'infanterie conduisaient des munitions et des vivres à la garnison de Nancy et à l'armée du
maréchal de la Force ; Jean de Werth, lieutenant de Charles IV,
vint les attaquer dans les bois de Heys, proche Gondreville,
leur prit 24 drapeaux, prit les officiers prisonniers, tailla les
soldats en pièces et détruisit les provisions. (Calmet, H. de
Lorr., IV, page 316.)

Nous aurions été en état de produire un plus grand nombre d'attestations semblables, si l'humilité de notre saint ne l'eût empêché pour un temps. Ses prêtres ayant voulu savoir de lui s'il était à propos qu'ils en exigeassent des autres villes où ils devaient porter les mêmes secours, il leur répondit : « Qu'ils « feraient bien de n'en demander pas ; qu'il suffirait « que Dieu connût leurs bonnes œuvres, et que les « pauvres fussent soulagés, sans en vouloir produire « d'autres témoignages. » Il changea de sentiment dans la suite (lettre du 21 janvier 1642) pour prévenir les murmures et jusqu'à l'ombre des soupçons. Ainsi, on verra bientôt que les monuments de pareille force ne nous manquent pas ; et que Dieu a su publier sur les toits ce que son serviteur voulait d'abord ensevelir dans le secret de son humilité.

Pendant que ces dignes ministres de la charité de Vincent de Paul remplissaient à Toul et aux environs tous les devoirs de la miséricorde, ceux que le saint prêtre avait dès le mois d'avril envoyés dans les autres villes de Lorraine ou des frontières y travaillaient avec la même ardeur. Il y en avait déjà à Verdun, à Metz et en plusieurs autres endroits.

V. — METZ

La ville de Metz était une des plus affligées. Le concours des pauvres qui l'assiégeaient au dehors et au dedans avait quelque chose de terrible. C'était comme une armée de malheureux de tout âge et de tout sexe qui montait quelquefois jusqu'à quatre et cinq mille personnes. Tous les matins, on en trouvait dix ou douze de morts, sans compter ceux qui, surpris à l'écart, étaient souvent la proie des bêtes carnassières ; car des loups furieux étaient encore une des plaies dont Dieu frappait ce peuple infortuné. Accoutumés à se nourrir de cadavres, ils se vengeaient sur les vivants de ce qui leur manquait du côté des morts. Ils attaquaient en plein jour, mettaient en pièces, dévoraient les femmes et les enfants. Les bourgs et les villages en étaient infestés en tout temps ; ils entraient même pendant la nuit dans les villes, par les brèches des murailles, et ils enlevaient tout ce qu'ils pouvaient attrapper.

Telle était la situation de Metz ; mais ce n'était là qu'une partie de ses disgrâces. L'honneur de ses vierges les plus pures était en danger. La faim, mère de tous les excès, était sur le point de porter plusieurs communautés religieuses à rompre leurs clôtures dans un temps où les plus fortes murailles étaient un faible rempart contre la licence. Toutes les ressources étaient fermées.

Le Parlement (1), à qui la famine, la guerre et les courses des ennemis donnaient des alarmes continuelles, avait été obligé, dès l'année précédente, de se retirer à Toul. (Calmet III, 751.)

Il eût fallu un évêque des premiers siècles pour arrêter, ou au moins pour diminuer le cours de tant de malheurs. Henri de Bourbon, fils naturel de Henri IV, l'était alors sans être prêtre. Ses abbayes de Saint-Germain-des-Prés, de Fécamp, des Vaux de Cernay, de Tyron, de Bomport et de la Valâsse semblaient le mettre en état de le faire; mais ce prince, qui se maria douze ans après, avait apparemment des obligations plus pressées que celles de soulager son peuple.

Vincent fit ce que le pasteur ne faisait pas. Il dépêcha en toute diligence quelques-uns de ses prêtres pour conserver la vie des uns, l'honneur des autres et tâcher de les sauver tous. Les choses changèrent bientôt de face, et Metz commença à respirer un peu. Le maître-échevin, les treize de la ville, furent touchés d'un secours qui venait si à propos, mais comme ils trouvaient dans son étendue même des raisons d'appréhender qu'il ne continuât pas, ils en écrivirent

(1) Ce Parlement avait été établi en 1635, il fut transféré à Toul en 1638 et y demeura vingt ans.

à Vincent, au mois d'octobre 1640. Leur lettre, comme toutes celles que reçut alors le saint prêtre, est moins un remerciement pour le passé qu'une sollicitation pour l'avenir. Quoique écrite il y a un siècle, elle mérite de trouver place ici. Nous la rapporterons donc sans y rien changer.

« Monsieur, vous nous avez si étroitement obligés
« en subvenant comme vous l'avez fait à l'indigence
« et à la nécessité extrême de nos pauvres, mendiants,
« honteux et malades, et particulièrement des pau-
« vres monastères des religieuses de cette ville, que
« nous serions des ingrats, si nous demeurions plus
« longtemps sans vous témoigner le ressentiment que
« nous en avons ; pouvant vous assurer que les
« aumónes que vous avez envoyées par deça
« ne pouvaient être mieux départies, ni em-
« ployées qu'envers nos pauvres, qui sont ici en
« grand nombre, et notamment à l'égard des reli-
« gieuses, qui sont destituées de tout secours hu-
« main ; les unes ne jouissant pas de leurs petits re-
« venus depuis la guerre, et les autres ne recevant
« plus rien des personnes accommodées de cette
« ville, qui leur faisaient l'aumóne, parce que les
« moyens leur en sont ôtés. Ce qui nous oblige de
« vous supplier, comme nous faisons très humble-
« ment, Monsieur, de vouloir continuer, tant envers
« lesdits pauvres qu'envers les monastères de cette
« ville, les mêmes subventions que vous avez faites
« jusques ici. C'est un sujet de grand mérite pour
« ceux qui font une si bonne œuvre, et pour vous,

« Monsieur, qui en avez la conduite, que vous admi-
« nistrez avec tant de prudence et d'adresse, en quoi
« vous acquérerez un grand loyer au ciel, etc. »

VI. — VERDUN

La ville de Verdun pouvait encore moins, que celle
de Metz, compter sur les aumônes de François de
Lorraine (1), qui pour lors en était évêque. Ce
Prince qui était entré, sans vocation, dans l'état ecclé-
siastique, avait aigri la France en excommuniant tous
ceux qui, par son ordre, travaillaient à la citadelle de
Verdun. Un coup si hardi l'ayant obligé de se retirer
à Cologne, il suivit son humeur guerrière ; et à la
tête de quelques troupes, il vint attaquer sa Ville
Episcopale. S'il ne réussit pas à l'enlever au Roi, il
dut naturellement réussir à la rendre encore plus pauvre qu'elle ne l'était auparavant. Aussi, quoique la
misère y fût moins grande qu'à Metz, parce que le
concours des malheureux y était moins considérable,
elle avait cependant un très grand besoin des aumônes
que Vincent y envoya.

Ses prêtres qui y séjournèrent au moins trois ans,
lui mandèrent en 1641, que pendant tout ce temps,

(1) François de Lorraine, qui n'avait que la première ton-
sure, se démit en 1661 de son évêché et de ses bénéfices, pour
épouser Christine de Marsanne, baronne de Saint-Mange.

ils avaient chaque jour donné du pain à cinq ou six
cents pauvres et pour le moins à quatre cents ; qu'ils
fournissaient tous les jours du potage et de la viande
à cinquante ou soixante malades, et à quelques-uns
de l'argent pour d'autres nécessités ; qu'ils assistaient
environ trente pauvres honteux ; qu'ils donnent à
toute heure du pain à quantité de gens de la campagne, et à d'autres passants qui venaient lui demander l'aumône ; et qu'enfin ils fournissaient des habits
à ceux qui n'en avaient point.

Comme le saint Prêtre savait parfaitement que le
temps des calamités publiques est, dans les desseins
de Dieu, un temps de miséricorde et que parmi ceux
qui l'oublient dans la prospérité, il y en ait plusieurs
qui reviennent sincèrement à lui dans la tribulation, il
avait prescrit à ses Missionnaires d'avoir soin de
l'âme, à mesure qu'ils s'occuperaient de la santé du
corps. Tous y travaillaient avec une sainte émulation,
et si leurs peines eurent partout autant de succès qu'à
Verdun, ils durent être bien consolés.

Un de ces vertueux prêtres écrivit à Vincent que
ses confrères et lui ne se lassaient point d'admirer la
patience invincible et des mourants et des malades ;
et que leur soumission aux ordres de Dieu était si
pleine et si parfaite, qu'elle allait au-delà de toute
expression : « O Monsieur, écrivait-il, que d'âmes
« vont au ciel par la pauvreté ! Depuis que je suis en
« Lorraine, j'ai assisté plus de mille pauvres à la
« mort, qui paraissaient tous y être parfaitement dis-
« posés... Voilà des intercesseurs pour ceux qui leur

« ont fait du bien. » Verdun n'a jamais oublié de tels services. Lors du rétablissement du culte, au commencement de ce siècle, M. Martin, prieur de l'abbaye de Saint-Paul, a fait consacrer un autel à saint Vincent dans la Cathédrale, en souvenir de tous les bienfaits qu'il avait prodigués tant à Verdun qu'à toute la Lorraine.

VII.   NANCY

Ceux à qui la ville de Nancy était échue en partage, n'y étaient ni moins saintement, ni moins continuellement occupés. Ils donnaient tous les jours du pain et du potage à quatre ou cinq cents pauvres, qui, quoique en santé, ne pouvaient gagner de quoi vivre, parce qu'il n'y avait plus ni moissons ni moissonneurs.

Ils les rassemblaient chaque jour pour leur faire des instructions touchantes ; et la vue d'une multitude de morts et de mourants, les rendit si efficaces, que plusieurs d'entre eux se confessaient et communiaient presque tous les mois.

A l'égard des malades, ils en firent recevoir un bon nombre dans l'hôpital de Saint-Julien auquel ils donnèrent du linge et de l'argent, parce qu'il n'était pas en état de fournir à la dépense. Ils prirent dans leur propre maison ceux qui ne pouvaient trouver de place à l'hôpital : ils les nourrirent avec soin, ils pansèrent leurs plaies et leurs ulcères. Comme il y avait communément, trente, quarante et cinquante autres malades logés çà et là dans la ville, ils leur firent dis-

tribuer chaque jour du pain, du potage et de la
viande.

Ils assistaient deux sortes de pauvres honteux. Les
uns, au nombre d'environ cent cinquante, étaient
d'une condition médiocre ; les autres, au nombre de
trente, étaient des gens de qualité, partie ecclésiastiques, partie séculiers. On donnait aux premiers une
certaine quantité de pain par semaine ; on donnait
aux autres de l'argent tous les mois, à proportion de
leur naissance et de leurs besoins.

Ayant été avertis qu'il y avait dans la ville grand
nombre de pauvres mères, dont les enfants, qui
étaient encore à la mamelle, se trouvaient en danger
de périr, ils en prirent un soin particulier : ils leur
donnèrent non-seulement du pain et du potage, comme
aux autres pauvres, mais encore de l'argent et de la
farine.

Ils firent panser les malades et les blessés qu'ils ne
pouvaient panser eux-mêmes ; ils payèrent les chirur-
giens et les drogues, ils firent par leurs propres mains
un grand nombre de cures qui ne leur coûtaient pas
beaucoup, et qui, en soulageant, à peu de frais, une
partie de ces malheureux, leur laissaient le moyen
de faire soigner les autres. Enfin, ils distribuèrent du
linge et des habits à tous les pauvres qui n'en avaient
pas.

Comme tant de biens différents auraient bientôt
épuisé leurs fonds, ils avaient besoin d'une grande
économie, et l'économie en ce genre avait tout ce
qu'il faut, je ne dis pas pour blesser la délicatesse,

mais pour révolter la nature. Ainsi, pour ménager les aumônes qu'on leur envoyait de France, et pour pratiquer à la fois ce que la charité chrétienne a de plus difficile, en fournissant du linge propre à ce tas de misérables, ils prenaient leurs chemises sales et souvent pleines de vermine, en faisaient blanchir et raccommoder, quelques fois jusqu'à six ou sept douzaines, et continuaient à les distribuer à ceux qui en avaient besoin : celles qui ne valaient plus rien servaient à faire de la charpie pour les blessures et les et les ulcères. Je sais encore une fois qu'un détail si circonstancié coûte à l'imagination : mais pourquoi aurais-je honte de rapporter ce que Dieu n'a pas honte d'inspirer à ses amis les plus tendres et les plus privilégiés ?

VIII. — BAR-LE-DUC

Quelque désir qu'eût le saint prêtre de soulager en même temps toutes les parties de la Lorraine et du Barrois, cela ne lui fut pas possible. Les premiers secours qu'il y avait envoyés montaient si haut qu'ils épuisèrent dès le commencement, et sa maison, qu'il taxait toujours la première et celles d'un nombre de dames charitables qui étaient sa ressource et son asile, lorsqu'il s'agissait du besoin des pauvres. Ce ne fut donc que sur la fin de la même année (1639) qu'il envoya ses prêtres à Bar-le-Duc, et quelques mois après à Saint-Mihiel et à Pont-à-Mousson.

Ceux qui furent envoyés à Bar y furent reçus avec beaucoup de bonté par les RR. PP. Jésuites qui les logèrent chez eux. Ils trouvèrent dans cette ville environ huit cents pauvres, habitants ou étrangers. Ces derniers étaient pour la plupart, pendant les rigueurs de l'hiver, couchés sur le pavé, dans les carrefours et devant les portes des églises ou des bourgeois. C'était là qu'excédés de misères et de maladies, consumés par la faim et par le froid, ils attendaient et recevaient la mort presqu'à tous les instants. On leur donna, comme partout ailleurs, de la nourriture et du linge; et, en très peu de jours, on en habilla deux cent soixante, qui étaient réduits à une nudité affreuse. On mit l'hôpital, en lui donnant chaque mois une somme réglée, en état de recevoir un plus grand nombre de malades; mais comme parmi ceux-ci, il y en avait environ quatre-vingts qui l'étaient plus que les autres, les missionnaires se chargèrent entièrement de leur subsistance, et ils leur fournirent tous les jours les aliments qui leur étaient nécessaires.

Une des dépenses qui coûta le plus fut celle qu'on se vit obligé de faire pour recevoir les passants qui, ne trouvant de ressources ni dans les campagnes qu'on ne cultivait plus, ni dans les villes, dont l'entrée leur était souvent interdite, se retiraient en France par pelotons.

Les missionnaires, occupés à Toul et à Nancy, les adressaient à ceux de Bar, qui prenaient soin d'eux pendant leur séjour et leur donnaient le gîte, la nourriture avec de l'argent pour continuer le voyage. Tout cela constituait une dépense énorme et accablante. Je ne parle point de la sainte générosité avec laquelle ces dignes élèves de Vincent de Paul pansaient tous les jours plus de vingt personnes attaquées d'une gale épaisse et corrosive qui dégoûtait tout le monde. Cette maladie était alors commune dans toute la Lorraine; et ceux de Bar, qui, par un remède souverain qu'on leur avait appris, l'extirpèrent peu à peu, ne firent de ce côté-là que ce que faisaient leurs Frères répandus dans les autres cantons de cette province.

Mais quelque grands que fussent en eux-mêmes les biens dont nous parlons, ceux que ces mêmes frères firent à Bar dans l'ordre de la grâce et du salut, l'emportèrent de beaucoup. Ils répandirent partout, avec le secours de Dieu, l'esprit de douceur et de componction. Ils apprirent aux peuples à pleurer, non leurs disgrâces temporelles, mais leurs péchés qui en avaient été la source. Chacun s'efforça de rentrer en grâce avec Dieu. La multitude qui regardait ces dignes missionnaires, comme les Egyptiens regardaient Joseph, quand il les garantit de la famine, courut à eux avec un empressement extraordinaire, et voulut mal à propos ne devoir la vie de l'âme qu'à ceux qui lui avaient conservé la vie du corps.

Un seul de ces laborieux ministres de la pénitence entendit dans l'espace d'un mois plus de huit cents confessions plus ou moins générales, et il eut la consolation de nourrir du pain des forts une partie de ceux à qui il avait tant de fois distribué un pain terrestre et commun. Mais enfin la nature succomba ; ces deux prêtres furent attaqués d'une maladie violente ; Germain de Montévit, du diocèse de Coutances, qui était d'un âge où l'on ne se consulte pas assez, fut emporté par la force du mal le 19 janvier 1640.

Un mois après, le 26 février, Vincent écrivait à à Rome, à M. Le Breton, qui lui-même devait sitôt succomber à la fatigue : « Dieu a disposé de notre

« bon feu M. de Montévit, que vous avez connu au
« séminaire. Sa mort est arrivée à Bar-le-Duc, en répu-
« tation d'un saint, au collège des Jésuites, qui nous
« ont fait la charité de le retirer chez eux avec un
« autre frère, tandis qu'il travaillait à la nourriture
« corporelle de cinq ou six cents pauvres, qui l'ont
« tous accompagné au tombeau deux à deux, un
« cierge à la main, le pleurant tous, comme leur
« propre père. Le R. P. Recteur m'en écrit des
« choses notables. »

En effet le P. Roussel, recteur des Jésuites de Bar,
après avoir voulu que Montévit fût enterré dans
l'église du collège, lui composa cette sorte d'oraison
funèbre, en forme de lettre à Vincent de Paul :

« Vous avez appris la mort de M. de Montévit que
« vous avez envoyé ici. Il a beaucoup souffert en sa
« maladie qui a été longue et je puis dire sans men-
« songe que je n'ai jamais vu une patience plus forte,
« plus résignée que la sienne. Nous ne lui avons
« jamais ouï dire aucune parole qui fût marquée de
« la moindre impatience. Tous ses discours res-
« sentaient une piété qui n'est pas commune. Le
« médecin nous a dit souvent qu'il n'avait jamais
« traité malade plus obéissant et plus simple. Il a
« communié fort souvent dans sa maladie, outre les
« deux fois qu'il a communié en forme de viatique.
« Son délire de huit jours ne l'empêcha pas de rece-
« voir en son bon sens l'extrême-onction ; il le quitta
« quand on lui donna ce sacrement et le reprit incon-
« tinent après qu'on le lui eut donné. Enfin, il est

« mort comme je désire et comme je demande à Dieu
« de mourir.

« Les deux chapitres de Bar honorèrent son convoi,
« comme aussi les Pères Augustins ; mais ce qui
« honora le plus son enterrement, ce furent six à sept
« cents pauvres, qui accompagnèrent son corps,
« chacun un cierge à la main, et qui pleuraient aussi
« fort que s'ils eussent été au convoi de leur père.
« Les pauvres lui devaient bien cette reconnaissance ;
« il avait pris cette maladie en guérissant leurs maux,
« et en soulageant leur pauvreté : il était toujours
« parmi eux et ne respirait point d'autre air que leur
« puanteur. Il entendait leurs confessions avec tant
« d'assiduité, et le matin et l'après-dînée, que je n'ai
« jamais pu gagner sur lui qu'il prît une seule fois le
« relâche d'une promenade.

« Nous l'avons fait enterrer auprès du confessionnal
« où il a pris sa maladie, et où il a fait le plus beau
« recueil de mérites dont il jouit maintenant dans le
« Ciel. Deux jours devant qu'il mourut, son compa-
« gnon tomba malade d'une fièvre continue qui l'a
« tenu dans le danger de la mort l'espace de huit
« jours ; il se porte bien maintenant. Sa maladie
« a été l'effet d'un trop grand travail et d'une trop
« grande assiduité parmi les pauvres. La veille de
« Noël il fut vingt-quatre heures sans manger et sans
« dormir ; il ne quitta point le confessionnal que pour
« dire la messe.

« Vos messieurs sont souples et très dociles en
« tout, hormis dans les avis qu'on leur donne de

« prendre un peu de repos. Ils croient que leurs corps
« ne sont pas de chairs ou que leur vie ne doit durer
« qu'un an. Pour le frère, c'est un homme excessive-
« ment pieux ; il a servi ces deux prêtres avec la
« patience et assiduité que les maladies les plus diffi-
« ciles eussent pu désirer. J'ai l'honneur d'être, etc.

Non content d'avoir déchargé dans cette lettre son
cœur plein d'une religieuse admiration pour le zèle
charitable de Germain de Montévit, le Père Roussel
voulut insérer l'histoire de ce missionnaire dans le
Journal de son Rectorat.

Pour Vincent de Paul, il bénit Dieu de ces nouvelles et touché de l'hospitalité que les jésuites de
Bar avaient accordé à son fils pendant sa vie et après
sa mort, il donna à sa communauté pour sujet de
conférence spirituelle, la nécessité de la reconnaissance. « J'ai deux choses en moi, disait-il, la recon-
« naissance et que je ne puis m'empêcher de louer le
« bien. » Il terminait dans les termes suivants sa
lettre du 26 février à M. Le Breton : « Nous conti-
« nuons à assister ces pauvres gens de 500 livres par
« mois, dans chacune desdites villes : Bar, Metz,
« Toul, Verdun et Nancy ; mais certes, Monsieur,
« j'appréhende bien que nous ne puissions pas con-
« tinuer longtemps, tant il y a difficulté de trouver
« 2,500 livres par mois. »

Il continua longtemps encore et il trouva des
sommes bien plus considérables : car aux cinq villes
tout à l'heure mentionnées, sa charité en ajouta
bientôt quelques autres.

IX. — PONT-A-MOUSSON

Vincent n'avait jusque-là rien pu faire pour Pont-à-Mousson ; ce ne fut que vers le mois de mai de l'année 1640 que ses prêtres y portèrent les premières aumônes. Quelque accoutumés qu'ils fussent aux misères de la Lorraine, ils furent effrayés de celles que ce triste canton offrit à leurs yeux. Ils y trouvèrent quatre ou cinq cents pauvres, qui la plupart étaient de la campagne, et si défigurés, qu'ils ressemblaient moins à des hommes qu'à des squelettes, faiblement animés. Ils étaient languissants, atténués jusqu'à ne pouvoir plus prendre de nourriture, et plusieurs moururent en mangeant. Il y avait en outre une centaine de malades, cinquante ou soixante pauvres honteux, des religieuses dans une nécessité étrange, et quelques personnes de qualité, qui sentaient doublement le poids de la misère et de la pauvreté.

Les quatre cures de la ville donnèrent aux prêtres de la mission une liste exacte de ceux dont les besoins étaient plus pressants : on les secourut tous sans exception ; on fournit même des outils à ceux qui étaient assez forts et assez résolus pour travailler dans les bois. Ils y allaient par troupes : un homme seul y eût été en danger, parce qu'il y avait une multitude de loups, qui se tenaient comme en embuscade et qui ravageaient avec fureur ce qu'ils pouvaient ravager impunément. La crainte de ces bêtes féroces bloquait dans leurs propres maisons un grand nombre de femmes et d'enfants des bourgades voisines. Un bon curé en avertit nos missionnaires et s'offrit à y porter les secours qu'on voudrait bien lui confier. On lui donna une somme d'argent, au moyen de laquelle il se chargea de nourrir ce peuple abandonné. Il ne fallait pas moins qu'un prêtre, et un prêtre plein de courage, pour pénétrer dans ces affreuses demeures. La faim y tenait de la rage ; et le procès-verbal de l'Ordinaire fait mention d'un enfant qui, s'étant approché de quelques jeunes gens d'un âge un peu plus avancé, fut par eux mis en pièces et dévoré à belles dents.

On suivit à Pont-à-Mousson la méthode que l'on avait suivie dans les autres villes de Lorraine, c'est-à-dire que pour profiter des bons sentiments, que la reconnaissance inspirait à ce peuple affligé, on y commença une mission. Elle eut tout le succès qu'elle devait avoir dans des conjonctures si favorables. Les confessions furent fréquentes et nombreuses : on communia avec beaucoup de piété, et chacun loua Dieu de ce que, dans le temps de sa colère, il faisait si visiblement éclater sa miséricorde.

Du reste, il est nécessaire de noter que la charité des missionnaires ne se renfermait pas dans les villes,

mais qu'elle s'étendait aussi aux campagnes. Les villes
étaient pour eux un centre d'où ils rayonnaient pour
porter des secours à toutes les extrémités de la contrée environnante. Secours de toutes sortes, on l'a
vu encore, et qui embrassaient les besoins religieux
comme les souffrances physiques. Non contents des
missions, ils exerçaient les fonctions les plus pressantes du ministère pastoral, dans un grand nombre
de paroisses destituées de pasteurs, d'où il arrivait
que les enfants étaient en danger d'y mourir et y
mouraient même trop souvent, sans avoir reçu le bap-
tême. Le serviteur de Dieu, dont la charité pour-
voyait à tout, n'ayant pas d'ailleurs assez de monde
pour remédier à un si grand mal, fit chercher deux
prêtres étrangers, qui, sous une rétribution convenable, se chargèrent de parcourir le diocèse de Toul,
d'y baptiser tous ceux qui ne l'avaient pas été, et
d'apprendre aux personnes les plus sages de chaque
canton, la manière d'administrer ce sacrement aux
enfants qui naîtraient dans la suite.

Tant et de si importants services rendirent le
nom de Vincent si célèbre dans la Lorraine qu'il y
retentissait de toutes parts. On le comblait de bénédictions. Les particuliers, les curés, les magistrats,
tous lui témoignaient à l'envi leur très humble reconnaissance. Mais tous le conjuraient en même temps
de continuer. On l'a vu dans la lettre de Metz ; on
le va voir encore dans celle que lui écrivirent, au
mois de décembre les officiers de police de la ville de
Pont-à-Mousson.

« Monsieur, l'appréhension de nous voir en peu de
« temps privés des charités qu'il a plu à votre bonté de
« faire départir à nos pauvres, fait que nous recou-
« rons à vous, afin de leur procurer, s'il vous plaît,
« avec autant de zèle que ci-devant, les mêmes se-
« cours, puisque la nécessité y est au même degré
« qu'elle a jamais été. Il y a deux ans que la récolte
« a manqué : les troupes ont fait manger nos blés en
« herbe ; les garnisons continuelles ne nous ont laissé
« que des objets de compassion. Ceux qui étaient
« accommodés sont réduits à la mendicité. Ce sont
« des motifs autant puissants que véritables pour ani-
« mer la tendresse de votre cœur, déjà plein d'amour
« et de piété, pour continuer ses bénignes influences
« sur cinq cents pauvres, qui mourraient en peu
« d'heures, si par malheur cette douceur venait à
« leur manquer. Nous supplions votre bonté de ne
« pas souffrir ces extrémités ; mais ne nous donner
« des miettes de ce que les autres villes ont de su-
« perflu. Vous ne ferez pas seulement la charité à
« nos pauvres, mais vous les tirerez des griffes de la
« mort, et vous obligerez fort étroitement ceux
« qui... etc. »

X. — LES JÉSUITES DE L'UNIVERSITÉ DE PONT-A-MOUSSON

PENDANT CETTE ÉPOQUE CALAMITEUSE

Le P. Nicolas Abram, dans son « Historia Universitatis Mussipontanæ », livre VIII, n. XX et suivants a raconté les misères de la Lorraine à cette époque et la charité des RR. Pères dans cette pauvre ville, alors presque déserte de ses écoliers. Le R. P. Carayon a traduit ces pages du Père Abram, dans son livre : l'Université de Pont-à-Mousson, in-8°, 1870, pages 511-525.

Il m'a paru curieux d'ajouter au récit précédent celui du P. Nicolas Abram, soit à titre de complément, soit comme terme de comparaison. Les Jésuites commencèrent plus tôt leur action charitable à Pont-à-Mousson et la continuèrent probablement tout aussi longtemps qu'il fut nécessaire. Ce qui étonne tout d'abord en lisant l'un et l'autre récit, c'est 1° qu'après le zèle et la charité des Jésuites, il semble que toutes les plus grandes misères avaient été soulagées, et 2° qu'à l'arrivée des missionnaires de Vincent de Paul, rien ne paraît avoir été fait encore.

Une autre réflexion vient encore à l'esprit : c'est que le récit de Collet ne fait aucune mention des RR. Pères Jésuites, de même que celui d'Abram omet de mentionner la collaboration puissante des prêtres de la Mission à l'œuvre que les RR. Pères avaient commencée les premiers. Je le sais, ce gouffre de la misère se creusait sans cesse jusqu'à des profondeurs presqu'insondables, et surtout il ne pouvait être comblé par aucune charité : cependant il est difficile de se défendre, en lisant les Pères Abram et Carayon d'un soupçon d'exagération. Il est si doux et si profitable d'exalter les siens !

XI. — CALAMITÉ DE LA LORRAINE.
CHARITÉ DES NOTRES A PONT-A-MOUSSON.

« Le roi, très chrétien, s'étant emparé de la Lor-
« raine, plusieurs de nos pères, nés en cette province,
« reçurent ordre, vers la fin de mai (1635), de quitter
« Pont-à-Mousson et de se rendre dans l'intérieur du
« royaume. Cette violence était la première lueur du
« vaste incendie qui dévasta la Lorraine et fit tant de
« mal à notre université.

« A peine nos exilés eurent-ils mis le pied hors de
« leur patrie que l'armée du cardinal de la Valette, con-
« sumée par la famine et la peste, entra dans Pont-à-
« Mousson. L'armée de Lorraine ne fut pas la seule
« cause de nos désastres : les Français, les Allemands,
« les Suédois, les Croates et les Hongrois avaient jeté
« six corps d'armée dans notre pays. De plus, ils
« étaient accompagnés d'une multitude innombrable de
« pillards, gens sans aveu, femmes de mauvaise vie,
« qui, joints aux troupes, faisaient un total de plus de
« quatre cent mille hommes, hérétiques et sans foi ni
« loi, la plupart rongés par la vermine, la maladie ou
« la faim et prêts à tout faire. Partout ils portèrent la
« dévastation, la peste, la famine et tous les maux de
« la guerre. On en vint jusqu'à manger des animaux

« pourris et même de la chair humaine. On n'estime
« pas à moins de six cent mille les Lorrains qui per-
« dirent la vie en ces trois années de calamités inouïes
« et dont nous ne pouvons entreprendre le récit. »

« La charité de nos Pères » ne fit pas défaut à
tant de missions ; on les vit sans cesse, au milieu des
hôpitaux, prodiguer leurs soins aux soldats, comme
aux habitants de la ville, visiter les prisonniers, donner tous les secours aux malheureux gisant sur les
places et, sans aucune exception de personnes, se
presser autour des plus misérables et des plus rebu-
tants. Deux des nôtres succombèrent au milieu de
ces exercices de charité. Le premier fut le P. François Rousselet, né à Reims et professeur de philosophie au Pont. Huit jours après lui, mourait le P. Di-
dier Barbazan, emporté par la maladie contractée
dans les mêmes exercices de dévouement. On le
voyait se prodiguer au milieu des malheureux soldats
étendus mourants sur les places publiques.

Vers la fin de juin 1637, la plupart de nos pères,
ayant refusé de prêter serment de fidélité au Roi de
France, furent exilés de la Lorraine et du royaume
de France ; ils se dispersèrent dans treize ou quatorze
provinces différentes.

En 1638, les paysans commençaient à sortir des
forêts et des villages en ruines, où ils s'étaient cachés
pendant la guerre, et accouraient en grand nombre
aux portes de la ville, pressés par la faim et la misère : pâles, abattus, d'une maigreur effrayante, portant encore leurs anciennes blessures, ils se laissaient

tomber sur la terre où ils gisaient pêle-mêle. Deux de
nos pères, qui vivent encore et dont je dois taire les
noms, visitèrent ces malheureux, au moins deux fois
par semaine, pendant cinq mois et plus, les nourrirent du pain qu'ils leur apportaient eux-mêmes, leur
enseignèrent la doctrine chrétienne, les fortifièrent
par le sacrement de Pénitence, et leur fournirent avec
abondance des vêtements et d'autres secours. L'un
d'eux s'occupait surtout du soin de leurs âmes ;
l'autre pansait et soignait leurs plaies.

Malgré ces soins extraordinaires, cette année-là et
les suivantes, on ne s'occupa pas avec moins de charité des pauvres ordinaires de la ville ; presque tous
les jours, malgré la pénurie de la maison, on soula-
geait plus de deux cents indigents : et les habitants
disent que ce sont ces aumônes qui ont arraché à une
mort imminente la plupart de ces misérables. Enfin,
un grand nombre de malheureux recueillis sur des
fumiers où ils gisaient au milieu des ordures, dans
les rues ou sur les places publiques, où ils étaient
abandonnés furent transportés à l'hôpital auparavant
presque désert, *nourris par les nôtres*, pendant environ trois mois, *avec l'argent des fidèles*. Ces faits, je
pourrais facilement les passer sous silence, s'ils n'é-
taient connus de tous, mais ils sont si profondément
gravés dans la mémoire du peuple, que le silence des
historiens, pas plus que les vicissitudes des temps,
n'en pourront jamais effacer le souvenir.

Toutefois, je crois inutile d'énumérer les secours
que, pendant vingt années, les Recteurs du Collège

prodiguèrent en secret à des pauvres qui rougissaient de leur indigence. Les Pères qui ont survécu jusqu'à ces derniers temps, assurent qu'un triple prodige excitait alors l'admiration du public : l'abondance de nos ressources, qui suffisaient à l'entretien du Collège et à la subsistance de tant de pauvres, tandis que les plus illustres maisons se trouvaient dans la gêne ; ensuite notre soin du culte public et des études, tandis que les églises étaient ruinées par les armées ; enfin, l'admirable concorde qui régnait à la Maison, entre les Français, Lorrains, Écossais et Allemands, tandis que partout on ne voyait que divisions.

En 1639, deux professeurs de théologie venaient enfin reprendre l'enseignement interrompu depuis quatre années ; et dès 1640, douze de nos scolastiques suivaient les cours. L'année 1640 voyait aussi se rétablir les facultés de droit et de médecine.....

Durant les années 1642 et 1643, il ne se présente rien d'extraordinaire, à part les processions que, sous *l'inspiration des nôtres*, les habitants firent à Saint-Nicolas et à Benoîte-Vaux. Toutefois, il faut mentionner les missions, qui furent reprises après un long intervalle de temps, et qui produisirent d'autant plus de fruits, que l'on n'avait plus exercé ce ministère depuis plusieurs années, à cause du malheur des temps.

La mission, qui fit le plus d'honneur à la Compagnie et fut la plus féconde en fruits de saluts, est celle que deux professeurs de philosophie, auxquels on adjoignit un Père de la résidence d'Epinal, donnèrent pendant les vacances, dans le voisinage des Vosges, à Rambervillers, Charmes, Mirecourt, Neufchâteau et autres petites villes des environs. Je ne parle pas de tout le bien qu'on fit à Pont-à-Mousson, ni des soldats de la garnison à qui l'on enseignait la doctrine chrétienne dans les églises, sur la place, dans les rues, à tous les carrefours, à temps et à contre-temps. Un grand nombre fut ramené à la réception des sacrements de Pénitence et d'Eucharistie. Les mêmes offices de la charité furent rendus aux malades de l'hôpital, dont plusieurs seraient morts de faim, sans les secours que nous leur portions.

Un des nôtres, auditeur de théologie, et qui n'était pas encore prêtre, prêcha tout l'hiver, deux ou trois fois par semaine, sur la place publique, ramena beaucoup de soldats à la pénitence et à l'usage des sacrements, et convertit plusieurs calvinistes et luthériens à la foi catholique.

Pendant les vacances d'automne, deux des nôtres furent appelés pour une petite mission à Haroué, qui dura vingt-cinq jours. Chaque jour, on faisait quatre instructions, on chantait la grande messe et les vêpres, le soir l'adoration du Saint-Sacrement. Le chiffre des confessions s'éleva à trois mille, et sur ce nombre, plus de mille dataient de l'enfance.

Jamais les Missionnaires n'avaient vu les populations aussi vivement remuées, ni des témoignages aussi éclatants de la grâce divine.

Quoi qu'il en soit de l'œuvre des Révérends Pères Jésuites à Pont-à-Mousson, suivons la charité de Vincent sur un nouveau théâtre, qui est la ville de Saint-Mihiel.

XII. — SAINT-MIHIEL.

Quelques mots sur l'histoire de Saint-Mihiel, pendant les années précédentes, nous expliqueront la plus grande misère qui désolait cette pauvre ville, quand y arrivèrent les Missionnaires de Vincent de Paul.

Le 16 août 1635, un capitaine de partisans lorrain, fils d'un aubergiste de Saint-Mihiel, surprit la ville à la tête de quelques hommes, et s'empara du gouverneur français de Ligny-Baucourt; mais n'étant pas soutenu par les compagnies qui devaient le rejoindre, il relâcha le gouverneur, et sortit de la ville. Le 29 août suivant, de Lenoncourt de Serre, lieutenant de Charles IV, à la tête de 1,200 hommes d'infanterie et de 400 chevaux, vint reprendre Saint-Mihiel, en répara les fortifications et s'y installa avec quelques régiments. A cette nouvelle, Louis XIII se mit en campagne à la tête de 1,500 hommes pour reprendre cette méchante place. Il espérait qu'elle se rendrait sans coup férir, dès qu'il se présenterait; mais il fallut commencer un siège, car le gouverneur se défendait avec courage. Le roi s'étant avancé trop près de la place, un boulet brisa une roue et l'impériale de son

5

carrosse, blessa et tua des hommes de son escorte.
Après plusieurs jours de bombardement commandé
par du Hallier, la garnison manquant de munitions
et n'étant pas soutenue par les bourgeois, il fut con-
venu par capitulation verbale, que la garnison pourrait
se retirer la vie sauve et que la bourgeoisie serait pro-
tégée : c'était le 3 octobre. Mais Louis XIII, irrité
de la résistance qu'il avait rencontrée et du danger
qu'avait couru sa personne, refusa de ratifier cette
capitulation. S'étant fait amener le colonel de Salins,
il lui reprocha vivement d'avoir osé résister dans une
ville qui n'était pas tenable. — « Si votre Majesté,
« lui répondit le captif, avait commandé à un gentil-
« homme de défendre un moulin à vent, et qu'il ne
« l'eût pas fait, Votre Majesté l'aurait fait décapiter.
« Son Altesse, mon maître m'en eût fait tout autant,
« si j'avais manqué à lui obéir. » MM. de Lenoncourt,
Salins, Vigneul et Malebra furent immédiatement
conduits à la Bastille, pour y expier leur énergique
défense ; 36 autres officiers de la garnison furent jetés
dans les prisons de Bar-le-Duc, de Saint-Dizier et de
Châlons, et les soldats furent condamnés aux galères
de Marseille. Ceci fut exécuté conformément aux
instructions envoyées par le Cardinal de Richelieu à
de Chavigny : « Est à noter qu'il faut avoir 2 à 3,000
« de ces *rebelles* pour les galères ; ce dont M. le Garde
« des Sceaux aura un soin tout particulier. Ma pensée
« est que les officiers de guerre méritent un châti-
« ment subit, corporel et particulièrement exemplaire :
« les uns, qui seront lorrains, pour être *rebelles* ; les

« autres, pour avoir attendu un si grand roi dans une
« si mauvaise place. »

Les murailles de la ville et du château furent rasées :
Le parlement ou tribunal des Grands-Jours, fut sup-
primé, et sa juridiction attribuée au Conseil souverain
de Nancy, par une déclaration royale du 19 octobre,
dont le préambule est un véritable réquisitoire contre
les habitants de Saint-Mihiel « dont la déloyauté a été
« si grande, et l'ingratitude si extrême, que tournant
« nos bienfaits en injures, ils ont les premiers autorisé
« par leurs actions la rebellion, ont appelé et reçu
« dans leur ville nos ennemis, ont joint leurs armes
« avec les leurs, et ont violé le respect qu'ils nous
« doivent, en la personne du gouverneur que nous
« leur avions laissé pour les commander sous notre
« autorité. » (De Rogéville, I, page 215.) Quinze
bourgeois, dont dix membres du Parlement, furent
livrés pour être pendus; mais ne le furent, dit-on,
qu'en effigie. Pour le reste, la ville se racheta du
pillage, qui n'en fut pas moins toléré par les chefs,
par une contribution de guerre de 50,000 pistoles
d'or au soleil, à payer le premier janvier 1636. Pour
garantie de cette solde, treize des principaux bourgeois furent pris comme otages et enfermés dans les
prisons du château de Bar. Quant à la contribution
de guerre, évaluée à 447,312 francs barrois, elle fut
répartie sur tous les habitants sans aucune exception;
les rôles de répartition en ont subsisté jusqu'à la fin
du siècle dernier. Pour leur part, les 13 otages y
furent compris pour la somme de 72, 500fr. Mais

pour trouver à bref délai cette somme énorme, il fallut emprunter à des conditions onéreuses, notamment sur les villes de Metz, Toul, Verdun et Bar. Cette somme fut doublée par les faux frais, indemnités et procès qu'elle entraîna; au commencement du XVIIIᵉ siècle, toute cette affaire n'était pas encore terminée. Ce n'est pas tout encore : Saint-Mihiel et la contrée furent surchargés de garnison et de taxes de guerre. Aussi, le désastre fut complet et général.

Vincent de Paul n'avait d'abord envoyé qu'un seul missionnaire à Saint-Mihiel; il en reçut bientôt des nouvelles lamentables, dans une première lettre qui lui parvint au mois de février 1641 : elle portait en substance « qu'il y avait trouvé une si grande quan-
« tité de pauvres qu'il ne pouvait donner à tous; que
« de ces pauvres plus de trois cents étaient dans une
« très grande nécessité, et plus de trois cents autres
« à la dernière extrémité; qu'il y en avait plus d'une
« centaine dont la peau était si retirée et si affreuse,
« si desséchée, qu'on ne pouvait les regarder sans
« horreur : qu'en général, c'était bien la chose la plus
« épouvantable qu'on pût jamais voir : qu'ils ne vi-
« vaient que de certaines racines qu'ils allaient cher-
« cher dans les champs; qu'il y avait plusieurs jeunes
« demoiselles qui mouraient de faim; et qu'il était à
« craindre que le désespoir ne les fît tomber dans une
« plus grande misère que celle qui leur était commune
« avec le reste de la population. »

Ce même prêtre ajoutait, dans une seconde lettre du mois de mars : « qu'à la dernière distribution de

« pain qu'il avait faite, il s'était trouvé onze cent
« trente-deux pauvres, sans compter les malades qui
« étaient en grand nombre, et à qui on donnait la
« nourriture et les remèdes convenables à leurs maux ;
« qu'une charité si bien placée attendrissait non-seu-
« lement ceux qui en étaient l'objet, mais les riches
« eux-mêmes qui en pleuraient de tendresse : que les
« officiers de justice publiaient hautement que sans ce
« secours, c'en était fait de la vie d'une partie de ces
« misérables ; qu'un suisse, luthérien de religion, en
« avait été si touché, qu'il avait abjuré son hérésie
« et qu'ayant reçu les sacrements, il était mort d'une
« manière très édifiante ; qu'enfin le peuple ne cessait
« de prier Dieu pour ceux par la charité desquels il
« respirait encore. Je ne crois pas, ajoutait ce mis-
« sionnaire, que des personnes, pour qui l'on offre
« à Dieu tant et de si ferventes prières, puissent
« périr. »

La conclusion de toutes ces lettres était toujours la
même, et elles ne finissaient presque jamais que par
de vives sollicitations d'un nouveau secours. Comme
ce pays désolé n'avait de ressource qu'en la charité
de Vincent de Paul, et que le saint homme ne pouvait que très difficilement fournir à des besoins si
multipliés, deux ou trois jours de délai suffisaient
pour amener la consternation au milieu de cette population si nécessiteuse.

Vincent ne pouvait pas refuser d'ajouter foi aux
récits que lui faisaient ses Missionnaires de l'excès de la
misère en Lorraine ; mais cette misère si grande l'ame-

nait à se demander comment on pourrait y apporter remède. En conséquence, et pour connaître l'étendue du mal, et pour se faire rendre compte soit de l'emploi des aumônes, soit de l'ordre suivi dans l'exercice du ministère spirituel, et pour aviser plus promptement et plus sûrement à l'organisation, dont le moindre retard pouvait coûter la vie à des centaines de malheureux, il avait envoyé, dès 1640, un des plus anciens prêtres de sa Compagnie, chargé de visiter dans leurs départements, tous les missionnaires de Lorraine, et de lui adresser un rapport sur leurs travaux et sur l'état véritable du pays. Car, remarquons bien qu'à cette époque, Vincent était l'unique Providence, l'unique sauveur de la Lorraine. La France, avec ses cinq armées à la fois sur les bras, consacrait toute sa fortune aux dépenses militaires; et d'ailleurs Richelieu, et même le pieux Louis XIII devaient être très peu portés à secourir une province qu'ils voulaient dompter par la guerre, par le malheur et par l'épuisement.

On ne pouvait guère compter sur la charité privée, nécessairement nulle en Lorraine où, les riches étaient réduits à la mendicité, et qui, à Paris même, ressentant le contre-coup des souffrances publiques, se faisait timide, égoïste et lâchement prévoyante, ou ne suffisait pas aux besoins qui la coudoyaient. Oui, sans Vincent de Paul, cette province dont deux longs siècles n'ont pu réparer toutes les pertes était anéantie; ou du moins, des milliers et des milliers de malheureux y perdaient à la fois leur corps et leur âme.

Au bout de quelques semaines, le Visiteur envoya à Vincent, sur l'état de saint Mihiel un compte-rendu rempli d'horribles détails, mais qui devait le déterminer à faire de nouveaux efforts en rapport avec l'étendue du mal. Il lui représenta que la noblesse souffrait encore plus que le menu peuple; que celui-« ci demandait du pain sans façon, qu'il y avait au « contraire, peu de gens de conditions qui osassent « franchir ce pas humiliant; qu'il en connaissait qui « seraient plutôt morts de faim, que de découvrir « leur extrême nécessité : qu'il avait lui-même parlé « à des personnes qualifiées, qui ne pouvaient sans « fondre en larmes, voir qu'on entrevît leur misère, « même pour la secourir : qu'une jeune demoiselle, « pressée par la faim, avait plusieurs fois cherché « l'occasion de perdre son honneur pour ne pas perdre « la vie, et que par la miséricorde de Dieu, on l'avait « tirée de ce danger. »

Il ajoutait « qu'il ne mourait aucun cheval dans la « ville, de quelque maladie que ce fût, qu'on ne « l'enlevât aussitôt pour le manger; qu'une veuve qui « n'avait plus rien ni pour elle, ni pour ses trois en-« fants, était sur le point de manger une couleuvre, « lorsque le missionnaire qui était chargé, autant « qu'il lui était possible, de faire subsister Saint-Mihiel, « y était accouru pour apaiser la faim qui la dévorait; « que les prêtres du pays, qui menaient tous une vie « exemplaire, n'avaient ni pain, ni provisions, jusque « là qu'un curé du voisinage avait été réduit, afin de « gagner sa vie, à s'installer avec ses paroissiens pour

« tirer la charrue. Il ne faut plus disait ce Visiteur,
« aller chez les Turcs, pour y voir des prêtres con-
« damnés à labourer la terre; ils s'y condamnent
« eux·mêmes à nos portes, ou plutôt ils y sont con-
« traints par la nécessité. »

Il finissait en témoignant « qu'il ne pouvait com-
« pre   : comment son confrère, avec aussi peu
« d'ar   : qu'il en recevait de Paris, avait pu jusque-
« là fai   tant d'aumônes, en général et en particu-
« lier; que, quoiqu'il restât encore bien des besoins,
« on n'eut jamais pu, sans une bénédiction particulière
« de Dieu, faire tout ce qu'on avait fait en faveur des
« pauvres; qu'il avait reconnu cette espèce de mi-
« racle de multiplication, dans les autres cantons qu'il
« avait parcourus; que l'on eût été redevable au zèle,
« à la sagesse et à la piété des prêtres qui étaient
« venus en Lorraine; qu'en particulier, celui qui tra-
« vaillait à Saint-Mihiel, était plein de charité et
« d'ardeur; qu'il savait souffrir la faim, comme ceux
« avec qui il vivait; qu'il était tombé malade, autant
« par défaut de nourriture que par la multitude des
« confessions générales qu'il avait entendues; qu'il
« était universellement respecté, et qu'il y avait dans
« la ville des personnes qui étaient heureuses de lui
« avoir parlé une seule fois; que, dans le pénible tra-
« vail dont il était accablé, il avait la consolation de
« trouver un peuple docile, pieux, à qui Dieu donnait
« abondamment l'esprit de patience, et qui dans sa
« pauvreté, était si avide de biens spirituels que,
« quoique la ville fût petite et la plus part des grandes

« maisons désertes, il se trouvait à ses catéchismes
« jusqu'à deux mille personnes, pour avoir la conso-
« lation de l'entendre. »

Ces lettres et plusieurs autres semblables portèrent
Vincent à continuer de secourir Saint-Mihiel ; et quoique le nom même de cette ville fût odieux à la France
pour les faits du siège d'octobre 1635, rappelés
ci-dessus, le saint prêtre agit avec tant de force, soit
auprès du Roi lui-même, soit auprès des personnes
charitables, qu'il obtint de sa Majesté que la garnison
de Saint-Mihiel serait diminuée, et il obtint des autres
que cette ville serait toujours comprise dans la distribution des aumônes destinées à la Lorraine.

C'est de quoi, trois ans après, les lieutenant, prévôt,
conseil et gouverneur de Saint-Mihiel le remercièrent
par une lettre commune dont voici les termes :

« Tous les corps et les membres en particulier de
« cette ville vous rendent un million de grâces, des
« peines et des soins que vous avez daigné prendre
« pour leur soulagement, tant par la distribution des
« aumônes et assistance des pauvres malades et né-
« cessiteux, que par la décharge d'une partie du
« fardeau de notre garnison ; vous suppliant très
« humblement de nous continuer votre protection et
« vos aumônes, desquelles cette pauvre et désolée
« ville a autant de besoin que jamais, étant très véri-
« table que par ce moyen une infinité de personnes
« sont en vie aujourd'hui, qui n'y seraient pas restées
« sans cela ; et si on vient à les retrancher ou à les
« ôter tout à fait, il faut de nécessité qu'une grande

« partie des habitants meurent de faim, ou qu'ils
« aillent chercher leur vie ailleurs. Sans parler des
« distributions que vous avez fait faire aux couvents,
« par le moyen desquels ils ont en partie subsisté ;
« et de l'assistance que tant d'autres personnes hon-
« teuses, même de qualité, ont reçu de vos prêtres,
« dans leurs maladies et nécessités. Nous ne pouvons
« assez louer les grands soins et le travail qu'ils y ont
« pris, ni vous demander assez notamment la conti-
« nuation des mêmes assistances, pour tant de malades
« et nécessiteux. Outre la gloire et le mérite que vous
« en aurez devant Dieu. »

Un des missionnaires qui seconda le mieux Vincent
de Paul dans cette œuvre charitable à Saint-Mihiel,
fut le R. P. Julien Guérin ; c'est lui notamment qui
s'intéressa à la révérende mère Mecthilde du Saint-
Sacrement, dont nous parlerons tout à l'heure, et
travailla à la faire admettre dans l'abbaye de Montmartre. Julien Guérin, né dans le diocèse de Bayeux,
avait porté les armes, avant d'être missionnaire. Il
était très zélé, très éloquent, et très austère pour sa
personne. Il donna beaucoup de missions dans le diocèse de Saintes. Après sa mission en Lorraine, Vincent le choisit pour une autre, qui réclamait des
hommes fortement trempés ; il fut le premier prêtre
envoyé à Tunis en 1645, pour la mission de Barbarie, et y mourut de la peste en 1649.

XIII. — LUNÉVILLE.

LES AUTRES VILLES LORRAINES AINSI QUE LES CAMPAGNES.

Les biographes de Vincent constatent que, à l'exception de la lettre du Magistrat de Lunéville, que nous allons rapporter, ils ne possèdent aucun mémoire sur l'action charitable du saint dans cette cité : mais cette lettre est la preuve que les secours y furent prodigués d'une façon continue, assez longuement, et dans une large mesure. Ce nous est une raison suffisante, pour nous y appesantir quelque peu.

Lunéville, étant place de guerre d'une certaine importance, eut, avec les localités de sa dépendance, une large part dans les calamités publiques de cette époque. On le comprendra par ces quelques notes, empruntées aux inventaires sommaires des archives de la Chambre des comptes de Lorraine :

« 1635. Remontrances du comptable portant que « la pluspart des habitants du village d'Azerailles se « sont absentés, à cause des courses, logements et « mauvais traitement des soldats; — réductions accor-« dées au fermier des amendes à cause des guerres. »

1636. « Ruine causée par les gens de guerre cam-« pés auprès du château de Lunéville pendant l'armée

« du duc d'Angoulême et du maréchal de la Force ;
« — les armées n'avaient bougé des environs, passé
« et repassé diverses fois, tellement que les chemins
« étaient inaccessibles, et la pluspart des habitants
« morts. »

« 1637. Le village de Jaucourt est entièrement
« brûlé ; il n'y a aucun tavernier à Moncel, Rehain-
« viller, Azerailles, Flin, Hériménil, Chanteheux,
« etc. »

« 1642. Depuis sept à huit ans, on n'a tiré aucune
« chose des cens dus au Domaine, tant à causes des
« guerres et misères du temps, que pour être les
« maisons qui en sont chargées et les héritages incultes
« et sans tenanciers, étant ceux qui les possédaient
« ci-devant, décédés pour la pluspart. »

« 1644. Les lieux habités de la recette de Luné-
« ville ont été réduits en un misérable et pitoyable
« état par les cavaliers du régiment d'Haussonville, en
« décembre de cette année. Nombre des conduits : à
« Lunéville, 30 ; à Emberménil, 4 ; à Xermaménil,
« 2 ; à Glonville, 1 ; etc. »

« 1645. A Verdenal et à Mont, il n'y a qu'un ha-
« bitant avec le maire, aucun à Moncel, pour être le
« village brûlé en partie, ruiné et démoli ; aucun ha-
« bitant à Badménil. Hériménil est inhabité. »

« 1642-1645. Depuis bien longtemps, comme pré-
« sentement, il n'y a eu aucun habitant que trois
« habitants à Mehoncourt — Depuis 1643, il n'y a
« eu à Azerailles que deux habitants avec le maire,
« les autres ayant quitté ledit lieu pour aller mendier

« en France et ailleurs, ledit village ayant été brûlé
« presqu'entièrement par les gens de guerre. »

« 1646. Les habitants de Flin, à part deux, ont
« abandonné ledit village, à cause des guerres et
« quartiers d'hiver; celui-ci a même été brûlé par les
« gens de guerre; — à Xousse, seulement deux
« pauvres habitants; — à Glonville, un conduit; à
« Viller, 4: à Flin et à Embermenil, chacun deux;
« à Serres 6, à Blainville, 4; — Marainviller et Joli-
« vet sont déserts. »

« 1647-1648. A Bénaménil, deux pauvres hommes
« fort nécessiteux; à Azerailles, quatre pauvres hom-
« mes qui ne font le labourage qu'à force de bras,
« pour n'y avoir aucune charrue. »

« 1652-1653. A Laneuveville-aux-Bois, Embermé-
« nil, Azerailles, Flin, Verdenal et Mehoncourt, il
« ne s'est rien payé pour la pauvreté des lieux : Joli-
« vet et Marainviller sont déserts. »

Jamais homme ne mérita mieux que Vincent, le
nom de père des pauvres; et la Lorraine doit, d'âge en
âge, transmettre jusqu'à ses derniers enfants que la
plupart d'entre eux lui ont obligation de la vie, parce
qu'il l'a sauvée à leurs pères. C'est ce que reconnurent tous les magistrats que nous avons entendus;
c'est ce que reconnut aussi en 1642, la police de Lunéville, dont les officiers écrivirent à notre Saint une
lettre de remerciement, qui sera la dernière de celles
que nous rapporterons ici :

« Monsieur, depuis plusieurs années que cette
« pauvre ville a été affligée de peste, de guerre et de

« famine, qui l'ont réduite au point d'extrémité où
« elle est à présent ; au lieu de consolations, nous
« n'avons reçu que des rigueurs de la part de nos
« créanciers, et des cruautés du côté des soldats, qui
« nous ont enlevé par force le peu de pain que nous
« avions : en sorte qu'il semblait que le ciel n'avait
« plus que de la rigueur pour nous, lorsqu'un de vos
« enfants en Notre Seigneur, étant arrivé ici chargé
« d'aumônes, a grandement tempéré l'excès de nos
« maux, et relevé notre espérance en la miséricorde
« du bon Dieu. Puisque nos péchés ont provoqué
« sa colère, nous baisons humblement la main qui
« les punit, et recevons aussi les effets de sa divine
« douceur avec des sentiments de reconnaissance ex-
« traordinaires. Nous bénissons les instruments de
« son infinie clémence, tant ceux qui nous soulagent
« de leur charité si opportune, que ceux qui nous les
« procurent et distribuent ; et vous particulièrement,
« Monsieur, que nous croyons être, après Dieu, le
« principal auteur d'un si grand bien. »

« Quant à vous dire qu'il soit bien appliqué à ce
« pauvre lieu, où les *principaux sont réduits au néant*,
« c'est ce que le Missionnaire que vous avez envoyé
« vous déduira avec moins d'intérêt que nous. Il a
« vu notre désolation, et vous verrez devant Dieu
« l'obligation éternelle que nous vous avons, de nous
« avoir secourus en cet état. »

Richelieu continuant la guerre contre la Lorraine
et contre l'Empire, Vincent continua ses prières, ses
mortifications et ses charités. Après la mort du car-

dinal, le marquis de La Ferté-Senneterre fut nommé
gouverneur de la Lorraine, en août ou septembre
1643. Nul général ne fut plus actif et plus vigilant :
mais en même temps il était le plus avide et le plus
impitoyable des hommes.

« Ayant une furieuse avidité pour les richesses,
« écrit le marquis de Beauveau, il n'oublia, pendant
« près de vingt ans que dura son gouvernement,
« ni invention de contribution, ni rigueur pour épui-
« ser le plus pur sang, non-seulement du pauvre
« peuple, mais de ceux qui pouvaient en avoir de
« reste dans les veines, c'est-à-dire des nobles, qui
« n'é... ent pas encore réduits à la misère comme le
« peuple. »

Cependant, grâce à la forte discipline qu'il établit dans
ses troupes, la Lorraine commença à respirer : c'est-
à-dire que les habitants des campagnes, ayant un peu
plus de sécurité dans leurs travaux, et surtout pour
leurs récoltes, revinrent peu à peu habiter les villages, et
reprirent la culture de leurs héritages, depuis si longtemps délaissés et en friches. Vincent put alors rappeler
quelques-uns de ses Missionnaires. Néanmoins, pendant
cinq ou six années encore, il procura des secours aux
plus pauvres, et les étendit même à presque toutes
les villes de Lorraine, comme Château-Salins, Dieuze,
Marsal, Moyenvic, Remiremont, Epinal, Mirecourt,
Châtel-sur-Moselle, Stenay, Rambervillers, etc. Les
pauvres honteux, les bourgeois ruinés, les familles nobles, qui, ne pouvant faire valoir leurs biens, restaient
dans une véritable misère, furent alors assistés.

Nous manquons de détails, comme aussi de témoignages authentiques concernant l'assistance, de toutes ces dernières localités. Collet et les autres se contentent de nous donner leur simple nomenclature. Serait-ce que les documents écrits qui les concernaient auraient péri? ou bien plutôt, que les Missionnaires négligèrent de recueillir les attestations des magistrats? Cette dernière opinion est la plus plausible, vu que Vincent leur répondit un jour : « qu'ils feraient bien « de ne pas demander de ces attestations; qu'il suffi- « sait que Dieu connût leurs bonnes œuvres, et que « les pauvres fussent soulagés sans en vouloir produire « d'autres témoignages. »

Si toutes nos villes lorraines, qui toutes sans une seule exception furent victimes du désastre commun, ne sont pas nommées dans l'énumération de nos biographes, il n'en faut pas conclure que les Missionnaires de Vincent de Paul aient négligé ou méprisé aucune des misères qui vinrent à leur connaissance. Seulement nos historiens ne pouvaient tout raconter. Mais ils ont même eu soin de noter que la charité des Missionnaires s'étendait des villes aux campagnes; ils s'établissaient dans une ville principale, comme dans un centre, d'où ils rayonnaient pour porter ou envoyer des secours à toutes les extrémités d'un canton, ainsi que nous l'avons vu, par exemple au chapitre de Pont-à-Mousson; et ces secours étaient de toutes sortes et embrassaient les besoins religieux comme les souffrances physiques. Non contents des missions qu'ils donnaient dans les

villes, où seulement ils avaient sur la main une population suffisamment agglomérée, ils exerçaient les
fonctions les plus pressantes du ministère spirituel
partout où les pasteurs faisaient défaut; et quand ils
ne le pouvaient par eux-mêmes, ils se procuraient
quelques suppléants au moyen d'une rétribution
convenable.

Assister les mourants, apprendre aux populations,
par de saintes instructions, à sanctifier leurs douleurs,
à adorer toutes les volontés de Dieu et à expier par
une vie parfaitement chrétienne les péchés qui avaient
excité sa colère, c'était la principale intention de Vincent dans la fondation de la congrégation des Missionnaires, et ses Enfants ne pouvaient y manquer,
eux dont le premier objet est la conversion des pé-
cheurs. En y travaillant en Lorraine, ils ne faisaient
que ce qu'ils faisaient toujours et partout et que ce
que pratiquaient tous leurs confrères dans leurs autres
Missions. Car il est bon de remarquer que l'embarras
où le déplorable état de la Lorraine mit notre Saint
ne lui fit pas interrompre le cours des services spirituels, qu'il s'était chargé de rendre aux pauvres
de la campagne. Ses prêtres pendant les trois premières années, où cette province l'occupa davantage,
firent plus de soixante et dix missions en différents
diocèses.

Je ne pense pas qu'il soit nécessaire d'arrêter plus
longtemps le lecteur, pour lui faire connaître les biens
immenses qu'ont opérés dans toute la Lorraine et les
aumônes et les Missionnaires que Vincent y envoya.

6

Il résulte de ce que nous avons dit, et chacun l'aperçoit du premier coup d'œil, que par là, on a sauvé
la vie à un nombre presqu'infini de malades et de
personnes languissantes que la faim, le froid, la nudité
et un amas de misères consumaient peu à peu, et que
l'on a préservé d'un triste et honteux naufrage quantité de filles, même d'une naissance distinguée que la
nécessité allait réduire à d'étranges extrémités.

Il me reste à exposer la charité de Vincent de Paul
envers les congrégations religieuses, puis à raconter
tout ce qu'il fit principalement pour la pauvre noblesse
Lorraine réfugiée à Paris. Je demande pardon à mes
lecteurs de la longueur de ce récit ; mais il me paraît
impossible de tronquer ce tableau de tant de prodi-
gieuses bonnes œuvres.

XIV. — CHARITÉ DE VINCENT

Les communautés religieuses de Lorraine furent très éprouvées pendant cette misère générale : comment des couvents cloitrés de femmes auraient-ils pu se soustraire à la ruine ?

Les monastères de la Congrégation de Notre-Dame étaient prospères avant la guerre de Trente Ans ; privés qu'ils furent de leurs pensionnaires et de leurs fermages, ils tombèrent aussitôt dans la détresse. Celui de Saint-Nicolas de Port fut complétement ruiné par le sac de cette ville (4-11 novembre 1635), celui de Nancy fut bientôt dans la misère ; ceux de Dieuze, d'Épinal, de Metz, de Vézelise, de Nomeny, de Mirecourt, etc., eurent le même sort. Les lettres de Pierre Fourier nous font le tableau le plus navrant de leur triste situation. La difficulté de vivre, les graves dangers des gens de guerre, y faisaient poser sans cesse la question de rompre la clôture pour chercher refuge en d'autres contrées ; et Pierre Fourier, interrogé sur la résolution à prendre, refusait de répondre, parce que tous les partis à prendre offraient des dangers à peu près pareils, et parce que, pour ne pas donner d'ombrage à Mgr de Scithie, évêque de Toul, il avait résolu de ne plus se mêler de la direction des Religieuses.

Mais plusieurs sortirent alors de leur couvent, et s'en allèrent, à la grâce de Dieu, fonder de nouvelles maisons. Quelques-unes échouèrent et on ne sait trop ce qu'elles devinrent. D'autres trouvèrent une terre hospitalière où elles commencèrent des couvents qui prospérèrent. On en compte presque vingt qui eurent cette origine, dans le court intervalle de 1633 à 1664. Le monastère de Dieuze donna naissance à ceux de Toul, de Marsal et de Saverne; — celui de Nancy, à ceux de Vernon-sur-Seine, de Monfort-l'A-maury et Châteaudun; — ceux de Munster, de Châ-tellerault, de Bruxelles, puis celui de Paderborn fu-rent fondés par des Religieuses de Saint-Nicolas. — Celui de Nantua fut fondé par des Religieuses de Bar; — celui de Bonne, par des Religieuses de No-meny; — celui d'Aoste et celui de Pont-Beauvoisin, par des Religieuses de Mirecourt, après leur sortie de Gray en 1641.

Quelques monastères furent détruits en plusieurs lieux, sans que jamais ils aient pu se relever; tout à l'heure, nous aurons à indiquer la triste odyssée des Annonciades de Bruyères et des Bénédictines de Rambervillers, à propos de la mère Mecthilde du Saint-Sacrement.

Dans les inventaires sommaires des archives de la Lorraine, on rencontre quelques mentions de secours à des monastères : « Lunéville, 1633. Somme donnée « aux sœurs pénitentes du Refuge à Nancy »; — Nancy, 1642, » somme donnée aux Carmélites de « Lunéville, réfugiées à Nancy »; — ibidem 1649. « Somme donnée aux Annonciades Célestes de « Nancy. »

Lionnois, dans son Histoire de Nancy, parle plusieurs fois de la déplorable misère des monastères de cette ville. (T. III, page 76), il parle des Carmélites du premier couvent : « Elles n'avaient pour leur « subsistance, qu'un peu de pain d'orge et d'avoine, « encore était-ce d'emprunt; avec cela, quelque peu « d'herbes et de légumes très mal accommodés, « faute de beurre, n'en usant pas souvent deux « livres par semaine, tant pour les malades que pour « les personnes saines (la communauté était nom- « breuse); ne buvant que de l'eau, et de la pique « pour les malades, et pour collation le soir, les « jours de jeûne, des fruits sauvages. »

Elles furent soulagées par l'octroi du pain de munition, et par des aumônes envoyées par les Carmélites de France et de Vienne.

Dans le tome II, page 458, est racontée cette particularité qui n'avait pas encore été notée, que le pain de munition fut octroyé aux monastères sur une requête des RR. Pères Dominicains à S. M. Louis XIV, en date du 4 janvier 1643, motivée sur l'augmentation de la misère à cause des fortes contributions qu'on levait en Lorraine. Les Dominicains étaient une fondation toute récente de du Hallier, gouverneur de Lorraine.

A la page 330 du tome II, on lit cet extrait d'une lettre de la supérieure de la Visitation à Madame de Chantal :

« Depuis environ un an et demi, les Religieuses « n'ont pas mangé de pain tout leur saoul, parce « qu'elles avaient si peur de sortir de leur clôture « faute de pain, que toutes à l'insçu l'une de l'autre, « l'épargnaient tant qu'elles pouvaient. Pour de la « viande, elles n'en avaient que trois fois la semaine, « et dans chaque portion une once. Pour du potage, « elles n'en mangeaient que le dimanche où il y eût « de la viande ; les autres jours, il n'y avait que de « l'eau et du sel ; leurs portions ordinaires, soir et « matin, étaient d'herbes cuites au sel et à l'eau. « Notre pain est tout noir ; mais nous en avons suffi- « samment, grâce à Dieu ! qui a inspiré le roi de « faire donner à toutes les Religieuses, une portion « comme aux soldats ; il est moitié seigle, moitié « froment. Notre boisson se fait avec des pommes « sauvages et de l'eau, et un peu de marc de raisin « pressuré. Nos habits et nos voiles sont si fort ra- « piécés, qu'il ne se peut davantage. Nos souliers « sont couverts de clous par dessous et celles qui ont « usé les leurs, portent des sabots. Nous avons été « un grand temps que nous n'avions ni bois, ni « huile, ni chandelle. Tout l'hiver, nous n'avons « pour nous chauffer, qu'un peu de braise de four « que des boulangers nous donnent par charité. Ce « qui nous a fait le plus de peine, c'est que, quand « notre jardin était rempli de toutes bonnes choses,

« les soldats enlevaient tout, jusqu'à tirer les ra-
« cines..... Ils nous prirent aussi une chèvre et un
« veau. »

Il serait bien superflu d'entasser un plus grand
nombre de faits et de citations, pour faire comprendre quelle était la misère qui sollicitait la tendre
compassion du charitable Vincent.

Ce fut surtout à partir de 1642, qu'il prit un soin
particulier des communautés religieuses des deux
sexes que les guerres avaient dépouillées et qui ne
tiraient aucun revenu des biens fonds qu'il fallait
laisser en friches, faute de fermier pour les exploiter.
Ces communautés étaient si misérables, qu'elles
manquaient non-seulement de pain, mais d'habits.
C'est le 25 janvier 1643 que le frère Mathieu Renard,
dont nous raconterons tout à l'heure la curieuse histoire, écrivait à son supérieur : « Monsieur, la dou-
« leur de mon cœur est si grande, que je ne puis
« vous la témoigner sans pleurer, pour la grandissime
« pauvreté de ces bonnes religieuses que votre charité
« fait secourir. Je ne suis point capable de vous en
« représenter la moindre partie. Elles ne sont presque
« pas connaissables par leurs habits qui sont rape-
« tassés de tous côtés, de vert, de gris, de rouge, en-
« fin de tout ce qu'elles peuvent avoir. Pour du pain
« oh! quelles n'ont garde d'en avoir à leur suffi-
« sance!

Et plus de dix ans après, en 1657, un supérieur
d'Ordre pouvait écrire encore : « Monsieur, pour de
« la viande, cela est trop pour nous; mais du pain,

« nous n'en avons pas à demi; et si Dieu ne nous
« aide, je ne sais pas ce que nous ferons. »

Les années 1646 et 1647 paraissent avoir été surtout marquées par les secours donnés aux communautés d'hommes et de femmes, Vincent en procura
à plus de six cents Religieuses, auxquelles il faut
ajouter les Religieux formant ensemble, selon un
rôle de 1640, un total de onze cent vingt sept personnes consacrées à Dieu. Aux différents monastères,
il fit distribuer par quartier, jusqu'à trois, quatre,
cinq ou six cents livres, dans la mesure de leur
nombre et de leur pauvreté, sans compter une quantité énorme de pièces d'étoffes, dont chacun se faisait
des habits, suivant son ordre.

On n'exigeait d'eux qu'un reçu, qui était délivré
en décharge au frère Mathieu, presque toujours député pour ces distributions, il existe encore une cin-
quantaine de ces quittances : toutes sont datées du
mois de février 1647, et sont conçues à peu près en
ces termes : « Je soussigné N..... confesse avoir reçu
« par les mains du frère Mathieu, de la congrégation
« des prêtres de la Mission, la somme de..... pro-
« venant des aumônes que Sa Majesté a élargies aux
« pauvres Religieuses de Lorraine, ce qui nous oblige
« à redoubler nos vœux et nos prières pour Sa Ma-
« jesté et pour la Reine, pour le bien de son royaume
« et le bon succès de ses armes. »

Aux lettres de remerciements des magistrats civils
que nous avons citées, il faudrait joindre pour mesu-
rer toute l'étendue du bienfait reçu et toute l'étendue

du devoir de reconnaissance, les lettres des supérieurs de communautés religieuses : par exemple, une lettre du Père Félicien, vicaire provincial des capucins de Lorraine, datée de Saint-Mihiel, le 20 mai 1643, dans laquelle ce religieux, en son nom et au nom de ses frères, demande à la touchante épître de saint Paul à Philémon, l'expression de leur touchante reconnaissance, *quia viscera sanctorum requieverunt per te ;* ou bien encore les lettres envoyées au Pape, à l'occasion du procès de béatification : « Le nom de « Vincent de Paul est une bénédiction en Lorraine », écrivait le 13 juillet 1706, Gabriel de Maillet, général de la Congrégation de Saint-Vanne, « car il a traversé le pays en faisant le bien ». Et Henri Charles du Cambout de Coislin, évêque de Metz, le 17 juillet de la même année : « Dans ces provinces ravagées « par une longue suite de guerres, on ne saurait dire « combien il a donné et distribué aux pauvres. »

Mais en réalité, quelques sentiments de reconnaissance qu'eussent pour lui les communautés de Lorraine, il était difficile que la gratitude fut proportionnée aux bienfaits. Nuit et jour, le Saint Homme s'occupait de leurs misères et des moyens d'y pourvoir. Leurs cris, semblables à ceux d'un malade qui espère, frappaient sans cesse ses oreilles et son cœur. Il les voyait toutes dans la cruelle position qu'avait leur patrie sur les drapeaux du duc de Saxe-Weymar. Il les plaint dans ses lettres, mais il ne se contente pas de les plaindre.

Ici, il fait passer deux sommes d'argent aux Religieuses de la Visitation de Nancy, qui étaient presque réduites à gémir en secret; là, il fournit des meubles aux Annonciades de Vaucouleurs, qui, chassées de leur monastère, n'avaient trouvé en y rentrant, que des murailles toutes nues. Tantôt, il envoie des habits et des couvertures aux Carmélites tant du Neufchâteau, que du Pont-à-Mousson, où il s'en est gardé une jusqu'à la fin du siècle dernier, en mémoire de sa charité. Tantôt, dans un emploi de sept cents livres destinées à des Messes pour le cardinal de Richelieu, il veut que les Cordeliers de Vic soient les mieux partagés, parce qu'ils souffrent davantage. Souvent et très souvent, il agit à la fois pour tous les ordres religieux, soit en les exposant tous ensemble à la compassion de ceux qui pouvaient les secourir, soit en leur obtenant un arrêt du Conseil d'Etat du Roi, qui les garantit des taxes qu'on voulait lever sur eux au commencement de 1642; arrêt dont il ne voulut pas que les siens profitassent et cela sur cette maxime si digne d'un grand saint: « Que si les Missionnaires « sont fidèles aux devoirs de leur vocation, ils ne man- « queront point de biens; et que s'ils ne le sont pas, « ils n'en auront que trop (1). »

1. Lettre à M. du Coudray, supérieur du Séminaire de Toul, et diverses lettres conservées dans la même maison.

XV. — VINCENT PROCURE UNE RETRAITE

A PARIS

AUX BÉNÉDICTINES DE RAMBERVILLERS.

Un autre jour, c'était toute une communauté religieuse à laquelle Vincent procurait une retraite dans l'abbaye royale de Montmartre ; bonne œuvre qui donna lieu à une admirable institution, celle de l'Adoration perpétuelle du Saint-Sacrement.

En mars 1633, Catherine de Bar, native de la ville de Saint-Dié, avait fait profession chez les Annonciades de Bruyères, sous le nom de Catherine de saint Jean l'Evangéliste ; chassée de ce lieu, par l'invasion suédoise, après avoir erré de Badonvillers à Commercy, de Commercy à Saint-Dié, elle alla chez les Bénédictines de Rambervillers, en 1639, et fit profession de leur règle le 11 juillet 1640, sous le nom de Mecthilde du Saint-Sacrement ; obligée de fuir encore, elle se réfugia à Saint-Mihiel avec deux de ses Religieuses ; mais elle y trouva une extrême disette.

Informé par son missionnaire de Saint-Mihiel, nommé Guérin, Vincent révéla cette détresse aux dames de son Assemblée, et de concert avec elles, il fit venir les religieuses lorraines, qu'il logea dans l'abbaye de Montmartre. Les autres religieuses de la Mère Mecthilde vinrent ensuite de Rambervillers au nombre de dix, et furent placées dans divers autres monastères.

La Mère Mecthilde était arrivée à Montmartre en septembre 1641. Après l'avoir éprouvée ensuite par de nouvelles et grandes traverses. Dieu lui fit enfin connaître l'œuvre pour laquelle il l'avait choisie. Reconnaissante envers la divine providence et douloureusement affectée du souvenir de tant de profanations dont elle avait été témoin en Lorraine, Mecthilde conçut le dessein d'une œuvre réparatrice. Dans cette disposition, elle se lia avec quelques dames d'un rang distingué : Anne Courtin, marquise de Bouves, Marie de la Guesle, comtesse de Châteauvieux, et la marquise de Senac, qui la confirmèrent dans sa pieuse pensée et lui proposèrent d'établir dans son couvent, l'Adoration perpétuelle du Saint-Sacrement. Anne d'Autriche voulut même intervenir dans cette fondation. C'était en 1652, au fort de la guerre civile dite la Fronde. La Reine avait souhaité faire un vœu pour désarmer la vengeance de Dieu, et attirer ses bénédictions sur la France. Or, un vertueux prêtre de Saint-Sulpice, l'abbé Picoté, consulté sur ce point, par l'intermédiaire de la Comtesse de Brienne, lui avait proposé l'établissement d'un monastère de l'Adoration perpétuelle. Une telle coïncidence devait lui faire goûter le projet de la Mère Mecthilde et de ses con-

seillères. Aussi, accepta-t-elle le titre de fondatrice du
couvent, qui prit naissance le jour de l'Annonciation,
25 mars 1653. Elle vint elle-même poser la croix sur
la porte de cette communauté, dans une maison de
la rue Féron; puis, pour donner l'exemple, commencer
l'œuvre réparatrice, et faire en quelque sorte la première, la *sainte Faction*, elle alla se prosterner, un
cierge à la main, aux pieds du Saint-Sacrement, et
lui fit avec solennité amende honorable.

Elle fut aussitôt relevée par une des nouvelles Bénédictines de l'Adoration perpétuelle, qui depuis n'ont
pas cessé nuit et jour, la corde au cou et au pied d'un
poteau, de se prosterner tour à tour, en victimes ex-
piatoires. C'est dans cet Institut, approuvé par deux
papes, et répandu dans plusieurs villes de France et
de l'étranger, qu'on a vu de nos jours, Mme Louise
de Condé, faire profession; c'est une maison de cet
Ordre, que la pieuse princesse a établie dans l'empla-
cement du Temple, laquelle a été transférée depuis
rue de Monsieur.

A Vincent donc, à l'appel charitable qu'il fit aux
Bénédictines de Rambervillers, réfugiées à Saint-Mihiel, remonte encore l'origine de cette grande institu
tion catholique.

XVI. — VINCENT SECOURT LES LORRAINS RÉFUGIÉS A PARIS.

Ce ne fut pas seulement dans leur propre pays, que les Lorrains éprouvèrent la charité de Vincent de Paul ; il y en eut un très grand nombre, qui la ressentirent à Paris, et tout d'abord un bon nombre de jeunes filles et jeunes garçons.

Pour entendre ceci, il faut savoir que le Missionnaire, porteur de l'argent de charité en Lorraine, représenta et à Vincent lui-même, et aux dames de son Assemblée, qu'il y avait dans cette province, plusieurs filles, même de condition qui, n'ayant ni parents, ni biens, ni aucunes ressources pour subsister, se trouvaient exposées à la tentation de la faim, mauvaise conseillère, et à l'insolente et brutale liberté de l'officier et du soldat. Un danger si prochain effraya le serviteur de Dieu. Il fit arrêter dans la première assemblée, qu'on ferait venir à Paris, celles de ces filles qui voudraient bien s'y rendre, et que l'on prendrait des mesures pour les faire subsister. Il s'en présenta beaucoup plus qu'on n'avait cru ; ainsi, il fallut faire un choix, et ce choix judicieux tomba sur celles pour qui il y avait plus à craindre. Le député de notre Saint, en amena à différentes reprises cent soixante, qu'il défraya pendant la route. Il en eût pris bien davantage, s'il n'avait pas été obligé de se charger d'un grand nombre de petits garçons, soit orphelins, soit appartenant à des familles ruinées, et condamnés dans les deux cas à une mort inévitable.

Vincent partagea avec Mlle Le Gras le soin de cette nouvelle colonie. Un nombre de femmes de qualité, qui vinrent les voir, en donnèrent avis aux principales familles de Paris. Toutes ces filles furent placées peu à peu, et chacune le fut selon sa condition, soit comme demoiselles de compagnie, soit comme femmes de chambre ou de peine. Quelques-unes se firent sœurs de charité, et rendirent aux autres ce qu'elles avaient reçu elles-mêmes. Pour les jeunes garçons dont nous avons parlé, le saint Père les reçut, à Saint-Lazare, et les nourrit en attendant qu'il pût les mettre en service.

Il ne fut pas longtemps nécessaire d'inviter les habitants de la Lorraine à passer en France. La main de Dieu continuait à porter de si grands coups à cette province, et celles de ses populations, dont les terres n'étaient pas sous la domination immédiate du Roi, étaient si abandonnées, qu'on les voyait sortir comme en caravanes, se glisser à travers les armées ennemies et hasarder tout, pour trouver un asile, soit à Paris, soit dans les autres villes du royaume. C'est cette désertion, jointe à la mortalité, qui dépeupla si fort la Lorraine, qu'au rapport de dom Calmet, un siècle entier ne lui a pas suffi pour se repeupler.

Cette émigration paraît avoir commencé vers les premiers mois de l'année 1636. Nous lisons en effet, dans une lettre que Ferry de Haraucourt, marquis de Chambley, maître de camp pour la France, bailly et gouverneur de Gorze, écrivait à Richelieu, de Nancy, le 10 avril 1636, ce curieux passage : « ..... J'ai aussi « écrit à M. de Sourdis, il n'y a que huit jours, que « beaucoup d'étrangers et de Lorrains s'étaient retirés « à Paris depuis quelques mois.

« Mais ayant appris qu'il n'estait pas à la cour, je « prends la liberté de dire à Votre Éminence, qu'il « me semble que le prétexte de la misère de ce pays « et de ses voisins, n'est pas suffisant pour servir et « donner des moyens à des personnes mal affection- « nées, de s'habituer à Paris, où la personne sacrée « du Roi et celle de votre Éminence, si précieuse et « nécessaire à toute la chrétienneté, ont accoutumé « de se montrer si souvent, y aïant assez d'autres « villes dans le Royaume, où ces gens-là pourraient « aller attendre vraiment ce qu'ils souhaitent avec « tant d'ardeur et de passion.

« Je laisse à votre Eminence la considération de la « conséquence de ce discours, et la supplie très-hum- « blement de pardonner à la sincérité de mon affec- « tion, si je luy donne la peine de dire ces petits « advis, produits d'une volonté toute entière de faire « voir ce que je suis, de vostre Eminence, le très- « humble, très obéissant et très fidèle serviteur et

7

« créature. » (Des Robert, *Campagnes de Charles IV*, p. 530.)

Le marquis de Chambley était devenu traître à la cause Lorraine; cependant ses conseils ne furent pas suivis, et l'on ne voit pas que l'autorité française ait mis aucun obstacle à cette transmigration, qui dura plusieurs années.

Les Missionnaires occupés à Toul, à Bar et dans tous les lieux de passage, la favorisaient autant qu'il leur était possible, comme nous l'avons remarqué plus haut; mais Vincent fut celui de tous à qui elle donna plus d'exercice. Un grand nombre de ces pauvres réfugiés venaient en droiture à Saint-Lazare, comme à une Californie anticipée, où ils étaient sûrs de trouver un homme chez lequel tout était un en Jésus-Christ, et qui, quand il s'agissait de remplir les devoirs de la charité, avait soin de l'étranger, sans préjudice du citoyen.

Les gens de bien lui adressaient ceux qui n'osaient d'eux-mêmes se présenter à lui. « Votre charité est si « grande, lui écrivait en 1643, lé R.-P. Fournier, « recteur du collège de Nancy, que tout le monde a « recours à elle. Chacun vous considère, ici, comme « l'asile des pauvres affligés. C'est pourquoi plusieurs « viennent à moi afin de vous les adresser, et par ce « moyen, ils ressentent les effets de votre bonté. En « voici deux, dont la vertu et la qualité exciteront à « bon droit votre cœur charitable à les assister. »

Pour ne pas se rebuter d'un concours qui ne finissait point, il fallait un cœur aussi vaste, aussi dilaté par la charité que l'était celui de Vincent de Paul. Mais la libéralité, que tant de leçons n'apprennent que faiblement à ceux qui seraient le plus en état de l'exercer, était comme le fond de son tempérament. Les Lorrains l'éprouvèrent; ils reconnurent avec joie que ce prêtre, dont le nom était si fameux dans leur pays, était au-dessus de sa réputation.

Le saint Homme, en attendant qu'on pût mettre ces pauvres émigrés en état de gagner de quoi vivre, les fit loger en différents endroits du voisinage. Il leur procura du pain et des vêtements; et comme il s'aperçut que parmi eux, il y en avait plusieurs qui, faute de pasteurs, dont les uns étaient morts, et les autres avaient pris la fuite, ne s'étaient pas depuis un temps considérable, approchés des sacrements, il leur fit faire, ès-années 1641 et 1642, vers le temps de Pâques, des Missions dans la paroisse de La Chapelle, petit village qui n'est éloigné de Paris que d'une demi-lieue. Cette proximité engagea plusieurs personnes de qualité à s'y trouver. Les ecclésiastiques de la conférence s'y distinguèrent par leur assiduité au travail; et les dames de l'assemblée par leurs aumônes. C'est ainsi que Vincent continuait à trouver le moyen de pourvoir aux besoins de l'âme et aux nécessités du corps.

La seconde mission, à laquelle M. Perrochel travailla, fut encore plus favorable aux pauvres Lorrains, que ne l'avait été la première. Un laïque, nommé Drouard, y répandit le feu de la charité; et malgré l'épuisement que causaient des secours, si longtemps et si abondamment continués, on se vit en état de donner du pain, au moins pour un temps à tous ceux qui en étaient venu chercher de si loin.

A ces aumônes, Vincent contribuait pour une large part. Tous les Lorrains qui ne pouvaient gagner leur vie, allaient à la porte de Saint-Lazare et y recevaient leur pain de chaque jour. Une telle charité paraissait si inexplicable, que le peuple de Paris disait : « Il faut que M. Vincent soit Lorrain lui-même, pour faire tant de bien aux pauvres Lorrains. »

Notons que cependant il continuait ses envois de secours en Lorraine : secours mensuels de plusieurs milliers de livres, secours extraordinaires, lorsqu'on lui révélait une misère exceptionnelle ou individuelle. C'est ainsi qu'un réfugié lui montra un jour une lettre de son frère, chanoine de Verdun, par laquelle il lui mandait que la misère l'avait réduit à quitter le service de son église, où il ne trouvait plus qu'un pain de larmes et de douleur ; qu'il s'était mis à labourer la terre, pour avoir de quoi vivre ; mais qu'enfin le grand travail et le peu de nourriture l'avaient si fort affaibli, « qu'il ne pouvait plus rien faire, ni éviter la « mort, s'il ne recevait bientôt quelque assistance. »

« En vérité, disait-il en finissant sa lettre, je ne sais « où trouver ce secours qu'auprès de vous, mon frère, « qui avez eu le bonheur d'être reçu et favorisé d'un « des plus saints et des plus charitables personnages « de notre siècle infortuné. C'est donc par vous que « j'espère ce bonheur de la part de M. Vincent. » Son attente ne fut pas vaine ; le serviteur de Dieu n'abandonna pas un prêtre de Jésus-Christ qui n'avait plus qu'un souffle de vie; et, sans perdre un moment, il lui envoya tout ce dont il avait besoin pour sortir d'une si triste situation.

XVII. — VINCENT SE RÉSOUT A SECOURIR LA NOBLESSE LORRAINE RÉFUGIÉE A PARIS.

Dès le commencement de cette grande lutte de la France contre la Lorraine, la noblesse, qui était le plus fort rempart des duchés et la plus solide défense de Charles IV, se trouva tout d'abord exposée aux mesures les plus violentes. Après la fuite de Nicolas-François et de la princesse Claude, la première impression fut de la stupeur et un découragement général. Le retour de Charles sur les frontières après la victoire de Nordlingen (6 septembre 1634), dans les premiers mois de 1635, causa une grande agitation et réveilla les espérances nationales : de Brassac, arrêta assez au hasard les gentilshommes les plus compromis, et chassa de son gouvernement ceux qu'au jour d'un soulèvement les peuples auraient le plus volontiers pris pour chefs. Ils allèrent grossir l'armée de Charles IV, et se firent suivre de leurs vassaux.

Mais Richelieu s'attaqua aux châteaux de la noblesse, en même temps qu'aux fortifications des villes. Le premier ordre de démantèlement et rasement de ces forteresses remonte au mois d'août 1633, (Des

Robert, *Campagnes de Charles IV*, page 56).
Et il y fut procédé par l'incendie et par la sape, au
fur et à mesure des prises des villes et châteaux par
les armées françaises et suédoises, à partir surtout de
la fin de l'année 1635. Le 1ᵉʳ février 1636, l'ordre
fut donné de raser et démolir tout ce qui restait
de châteaux et forteresses dans la province : le nombre en était encore de 56. La démolition de toutes
ces demeures féodales jeta sur le pavé un très grand
nombre de familles nobles, les hommes se rallièrent
pour la pluspart à l'armée de Charles IV ; mais les
invalides et les faibles, mais les femmes et les enfants, mais tous ceux qui avaient charge et devoir de
protéger ceux-ci, et nécessairement ils composaient
ensemble une classe fort nombreuse, n'avaient d'autre
parti à prendre que la fuite et l'exil.

Une deuxième cause de l'émigration de la noblesse fut la ruine générale et totale de la contrée.
De vastes domaines, désormais incultes et déserts,
des droits, des cens et des dîmes, que personne ne
payait plus, laissaient la noblesse, autrefois opulente,
dans une ruine complète et une misère extrême. Les
dangers des gens de guerre se présentaient en outre
bien plus nombreux et plus redoutables pour les gens
de condition que pour l'homme du peuple. A des
nobles, les voleurs et pillards supposeront toujours
des trésors cachés. Autrefois, on trouvait un refuge
dans une ville forte, on demandait asile à un monastère, mais la Lorraine n'a plus une seule ville de
refuge, elle n'a plus un seul monastère, qui puisse

être un asile. Dès l'année 1635, la demeure en Lorraine était donc devenue à peu près impossible à la pauvre noblesse des duchés. Aussi, un grand nombre de personnes de condition, de l'un et de l'autre sexe, qui entrevoyaient dans l'extrême indigence de leurs amis et de leurs voisins, celle qui était prête à fondre sur elles, prirent pour la prévenir le parti d'emporter ce qu'elle purent des débris de leurs biens et de se réfugier à Paris.

La troisième cause de l'émigration de la noblesse à Paris, fut l'injonction portée par l'ordonnance royale du 1er septembre 1634, de prêter serment au roi de France; cette injonction était faite aux ecclésiastiqus, aux nobles et gentilshommes, aux officiers et autres sujets du duc Charles, sous peine, pour les défaillants, de la saisie des fiefs et des bénéfices, de la privation des charges et sous menaces de toutes rigueurs.

Le serment devait être prêté dans la quinzaine devant les juridictions respectives de chacun, et les officiers de ces juridictions étaient pressés d'y tenir la main, sous peine de destitutions et d'amendes. Obéir ou fuir : il n'y avait pas d'autre parti. Les Jésuites de Pont-à-Mousson, et des Religieuses de Nancy, refusèrent de prêter serment, ou tout au moins tentèrent d'éluder cette prestation : ils furent expulsés par arrêt du 30 janvier 1635.

Il restait des récalcitrants; pour en avoir raison, une ordonnance royale des 15 et 16 avril 1635, proclama la dictature absolue du prince de Condé, par dessus les gouverneurs et généraux d'armes, par dessus les parlements de Metz et de Saint-Mihiel. Le pouvoir dictatorial du prince s'étendait sur les personnes et sur les biens de tous les habitants de la Lorraine, n'avait point de limites, et ne connaissait d'autre règle que son bon plaisir.

Condé fit son entrée à Nancy, le 12 mai; mais le 10, dans une sorte d'ukase, il avait prescrit dans la province, un dénombrement général des absents sous trois jours, — le rasement des maisons et châteaux avec confiscation des biens, contre ceux qui ne seraient pas rentrés dans quinze jours, — et déclarait les familles tout entières des réfractaires, responsables pour chacun de leurs membres particuliers.

Et comme si toute cette rigueur n'eût pas encore été suffisante, une déclaration royale du onze mai ordonnait « de faire une exacte recherche de tous « ceux qui ont intelligence avec le duc Charles et ses « adhérents, pour être procédé contre eux, comme « criminels de lèse-Majesté. » Toutes ces mesures n'avaient d'autre but, que de décapiter la résistance en Lorraine, et d'arracher du sol la race de la noblesse. Pour elle désormais, le séjour dans les duchés était devenu presqu'impossible, à moins de consentir à renier sa nationalité, et de se vendre à la puissance oppressive.

Cette guerre des autorités françaises contre la noblesse lorraine, ne prit jamais fin, et se renouvelait au moindre prétexte, avec des nouvelles rigueurs; car il ne fut jamais possible de l'expulser complètement, ni même l'empêcher de revenir à ses foyers. Au delà de l'époque qui nous occupe, vers la fin de 1649, le maréchal de la Ferté-Senneterre nous en fournit un nouveau trait intéressant à citer. Il avait échoué dans un siège contre la ville d'Epinal, et n'avait pas réussi à prendre sa revanche en surprenant Neufchâteau. « Il retourna à Nancy, écrit le marquis de Beauveau « (Mémoires, page 104, 105), si rempli de rage et de « colère contre toute la nation lorraine, de deux si « mauvais succès, qu'il fit défendre l'entrée de Nancy, « non-seulement à toute la noblesse du pays, qui « était demeurée en repos dans leurs maisons, mais « encore à toutes les personnes qui avaient tant soit « peu d'apparence. Il chassa de la ville toutes celles « qui lui étaient tant soit peu suspectes et imposa à « tout le pays de nouvelles contributions, si exces- « sives, que la plupart, ne les pouvant payer, furent « obligés d'abandonner leurs biens, et de déserter, « aimant mieux aller languir en exil autre part, que « de se voir tous les jours au hasard d'être mis dans « des cachots et d'y pourrir, faute de pouvoir satis- « faire à une si rude servitude. »

C'est ainsi que les nobles Lorrains sortaient d'une patrie où ils ne pouvaient plus vivre, les uns con- traints par la nécessité et la misère, et les autres poussés, expulsés par la force brutale des vainqueurs et envahisseurs de leur patrie. Le plus grand nom- bre se réfugièrent à Paris. En se sauvant, ils avaient emporté ce qu'ils avaient pu sauver des débris de leur fortune. Mais, après y avoir dépensé tout ce qu'ils avaient tiré d'argent de la vente de leurs effets,

ils se trouvèrent pour la plupart réduits à un besoin
d'autant plus fâcheux, qu'ils n'osaient le découvrir et
ne savaient très souvent à qui s'adresser. La honte de
se voir dans un état si différent de celui dans lequel
ils avaient vécu jusque là, leur fermait la bouche; et
ils étaient déterminés à tout souffrir, plutôt que de
faire connaître qu'ils souffraient. Une personne d'honneur et de mérite en ayant eu connaissance, en donna
avis à Vincent, et lui proposa la pensée qu'il avait
de chercher les moyens de les faire subsister.

Vincent qui, depuis plusieurs années, mettait à
contribution et sa Maison et ses meilleurs amis de
Paris, eût naturellement dû se trouver fort embarrassé
d'une pareille proposition : cependant, il l'accepta,
non seulement avec joie, mais encore avec beaucoup
de reconnaissance. « O Monsieur, dit-il, à celui qui
venait de la lui faire, « ô Monsieur, que vous me
« faites de plaisir ! Oui, ajouta-t-il avec cette simpli-
« cité qui respire l'esprit de Dieu, il est juste d'assis-
« ter, et de soulager cette pauvre noblesse, pour
« honorer notre Seigneur, qui était très noble et très
« pauvre tout ensemble. »

Dans une affaire si pressée, le délai eut été mor-
tel : Vincent s'y appliqua donc tout aussitôt ; et après
avoir consulté Dieu, selon sa coutume, il prit trois
résolutions : la première, de ne point toucher aux
aumônes qui devaient incessamment être portées en
Lorraine, où elles étaient nécessaires à des milliers de
pauvres; — la seconde, de ne pas mettte cette nouvelle charge sur le compte des dames de son assem-

blée, qui avaient déjà besoin de toute leur vertu pour
continuer ce qu'elles avaient si généreusement commencé; — et la troisième, de former une association
de seigneurs, qui pleins de foi, de générosité et de
charité, se feraient un devoir de religion, et un point
d'honneur de soulager en même temps des membres
de Jésus-Christ et des membres de leur ordre, des
hommes avec lesquels ils avaient la double confrater-
nité de la croix et du blason.

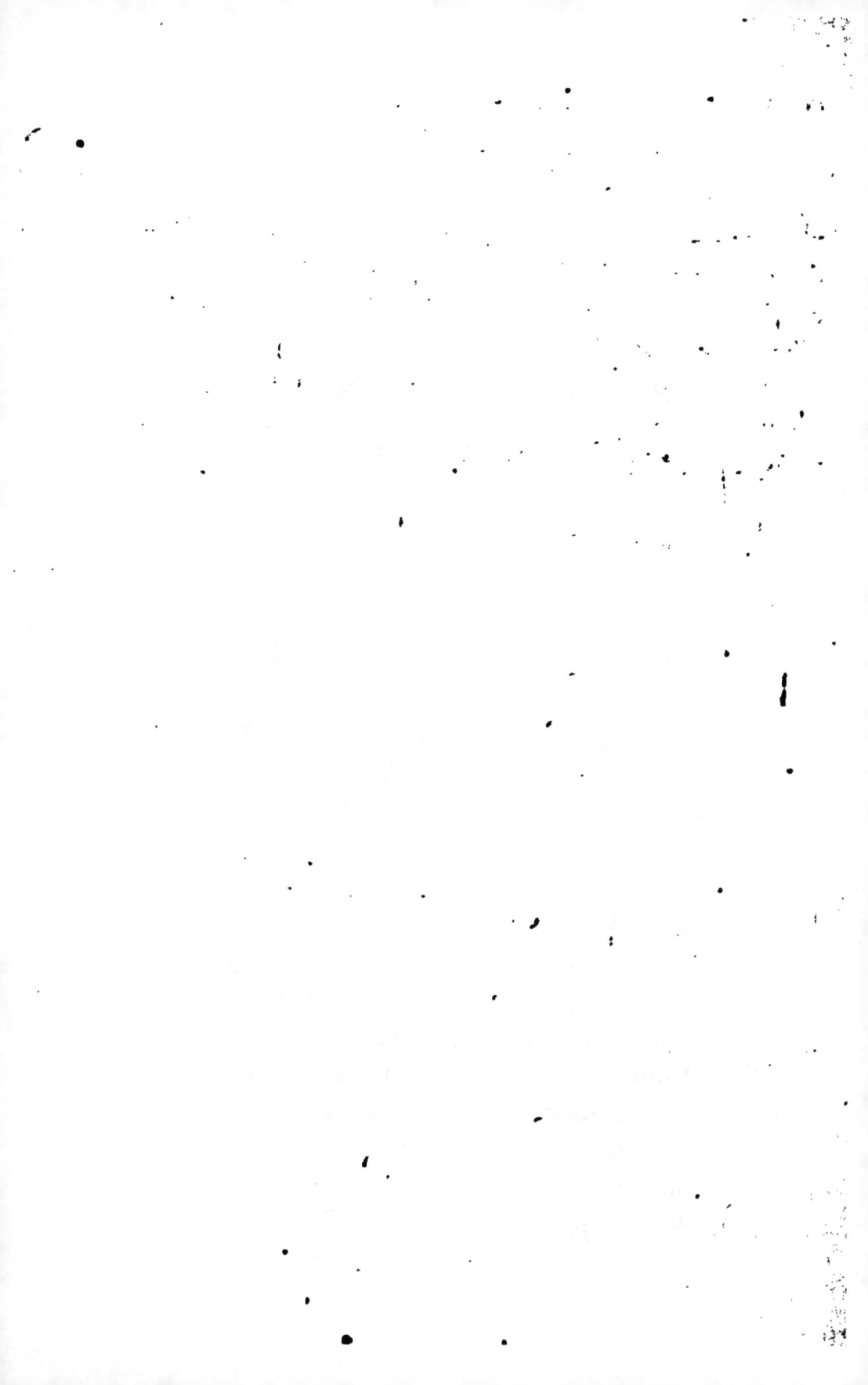

XVIII. — ORGANISATION

DE L'ASSEMBLÉE DES SEIGNEURS A St-LAZARE

POUR LE SECOURS DES NOBLES LORRAINS

Vincent commença par en réunir sept ou huit, pleins de foi et d'honneur, de charité et de noblesse. Parmi eux, était le baron de Renty, un de ces grands chrétiens comme on en trouve plusieurs dans cette première moitié du XVIIe siècle, rivalisant de zèle avec ces femmes admirables, qui s'y rencontrent en foule.

Gaston de Renty, un des plus dignes coopérateurs de Vincent de Paul dans l'exercice des bonnes œuvres, était né en 1611, au Bény, dans le diocèse de Bayeux. Dans sa jeunesse, il avait rêvé la vie monastique ; marié de bonne heure par la volonté de sa famille, à une demoiselle d'Entraigues, il suivit quelque temps, comme tous ceux de sa classe, la profession des armes. Déjà, il était chrétien : bientôt il fut un saint et un apôtre. Après avoir assisté à une mission donnée par les Pères de l'Oratoire, il passa sous la direction du Père de Condren, et ne songea plus qu'à son salut et au salut du prochain. Séminaires, associations pieuses, missions, œuvres charitables, tous les projets utiles à la religion et à l'humanité obtinrent son concours et son appui. Pas de nom plus mêlé que le sien à toutes les fondations, à toutes les grandes œuvres de ce temps. La France ne pouvait contenir son zèle. On trouve sa main active et généreuse dans les Missions de Barbarie, du Levant et du Canada. Il payait de sa personne, comme de sa fortune. A son château de Bény, transformé en hôpital, il instruisait et servait lui-même les pauvres : à Paris, il visitait tous les jours l'Hôtel-Dieu, et chaque soir, il allait faire le catéchisme, une instruction ou une lecture aux passagers de l'hôpital Saint-Gervais. On ne comprend pas que tant d'œuvres et de saintes entreprises aient pu tenir dans une vie qui n'a pas atteint trente-huit ans (voir sa vie par le P. Saint-Jure, Paris, 1651, in-4°.)

Un tel homme devait embrasser avec empressement la proposition de Vincent de Paul, en faveur de la noblesse lorrraine, et communiquer son zèle à ses compagnons. Aussi dès cette première assemblée, l'association charitable était formée. Il fut arrêté qu'on commencerait par dresser un état des personnes composant cette famille réfugiée, et qu'ensuite on aviserait aux moyens de fournir à chacune, des secours proportionnés à sa condition et au nombre de ses membres. Le baron de Renty se chargea de l'enquête. Sur son rapport, les seigneurs de l'assemblée se cotisèrent et firent le fonds d'un mois. Le mois écoulé, ils retournèrent à Saint-Lazare, et se taxèrent pour un mois encore : et ainsi de suite, de mois en mois, pendant près de vingt ans, sans que leur ardente charité, réchauffée sans cesse par Vincent de Paul, se refroidit jamais !

Dans ce temps de guerres civiles et étrangères, de misères de toutes sortes, à une nécessité en succédait une autre, et à l'enchaînement des besoins devait répondre l'enchaînement des secours charitables. Voilà comment se maintint si longtemps, l'assemblée des seigneurs, digne pendant de l'assemblée des dames de Charité et faite sur son modèle ; encore une des grandes créations de Vincent, dont il s'est servi pour trouver des ressources immenses, pour s'opposer à une foule de désordres, comme le duel et le blasphème, et enfin pour procurer des biens incalculables à la foi et aux pauvres.

L'œuvre de la noblesse lorraine dura environ huit années, et avec quelle constance de zèle pour ne se lasser jamais, quelle délicatesse de procédés pour adoucir l'amertume du remède, et relever l'humiliation de l'aumône ! Les secours étaient distribués chaque mois à cette pauvre noblesse, mais par les gentilshommes même de l'assemblée ; et ceux-ci ne se bornaient pas avec elle à ces visites en quelque sorte pécuniaires, qui ne lui auraient rappelé que son abaissement ; ils lui en faisaient encore d'amitié et d'honneur, où ils mêlaient la consolation et le respect. C'étaient des serviteurs qui venaient à leurs maîtres, et non des bienfaiteurs à leurs obligés ; ou plutôt c'était des égaux par la foi et la naissance, qui traitaient ensemble, de gentilhomme à gentilhomme, et de chrétien à chrétien.

Lorsque les troubles de la Lorraine furent un peu calmés, et ses maux guéris, la plus grande partie de cette noblesse retourna dans sa province. Mais au départ, Vincent eut soin de fournir à tous, non seulement de quoi faire le voyage, mais encore de quoi subsister quelque temps, jusqu'à ce qu'ils fussent rentrés en possession ou en jouissance de leurs biens. Quant à ceux que la perte totale de leur fortune, ou leurs affaires domestiques, retinrent longtemps à Paris, il ne cessa jamais de les assister quels que fussent d'ailleurs ses embarras et ses charges.

Il faut toujours remarquer en effet, que les charités si onéreuses de Vincent de Paul n'étaient pas successives, mais presque toutes simultanées. Il faisait face à la fois à mille nécessités, dont une seule semblait capable d'épuiser ses forces et ses ressources. Ainsi, pendant qu'il avait à soutenir un grand nombre des fondations précédemment racontées, qu'il épuisait sa maison et les maisons charitables, pour assister les Lorrains, soit dans leur patrie, soit à Paris, il eut à entreprendre l'assistance de seigneurs que les persécutions religieuses et politiques chassaient alors chez nous d'Angleterre, d'Écosse et d'Irlande, et qui se retirèrent en France, asile ordinaire de la religion persécutée, pour échapper à la persécution de Cromwell contre les catholiques. Ils furent secourus comme les nobles Lorrains, dès avant le meurtre de

Charles Iᵉʳ, (9 février 1649), jusque vers 1660 ou
près de quinze mois après la mort de Cromwell (13
septembre 1658). Et outre cette noblesse anglaise qui
fut secourue comme la noblesse lorraine, Vincent
pratiqua la même charité pour le peuple, et surtout
pour les prêtres d'Irlande.

Quand le saint prêtre n'aurait contribué à tant de
bienfaits que par ses conseils, ses exhortations et les
mouvements continuels, qu'il fut obligé de se donner
pendant une si longue suite d'années, il n'en faudrait
pas davantage pour rendre sa mémoire précieuse à
tous ceux qui connaissent le prix et le mérite de la
charité. Car enfin, on sait ce qu'il en coûte pour demander et demander sans cesse, lors même qu'on
ne demande pas pour soi. Mais le serviteur de Dieu
ne se bornait pas aux paroles; il contribuait à ces
œuvres admirables par de continuels impôts, prélevés
sur le nécessaire de sa communauté.

« M. Vincent », a écrit un des premiers seigneurs
de l'assemblée de Saint-Lazare, « était toujours le
« premier à donner. Il ouvrait son cœur et sa bourse;
« de sorte que, quand il manquait quelque chose, il
« contribuait tout le sien, et se privait des choses
« qui lui étaient nécessaires pour achever l'œuvre
« commencée. Une fois même que, pour parfaire
« une somme considérable, il était besoin de trois
« cents livres, il les donna aussitôt : et l'on sut
« que c'était des deniers qu'une personne chari-
« table lui avait donnés, pour lui avoir un autre
« cheval meilleur que le sien, qui était diverses fois

« tombé sous lui de faiblesse, étant extrèmement
« vieux. Mais il aima mieux souffrir de se mettre en
« péril d'être blessé, que de laisser des personnes,
« qu'il croyait dans le besoin, sans les assister. »

Une autre fois, et dans une conjoncture semblable,
il manquait deux cents livres. Vincent mande alors le
procureur de Saint-Lazare, le tire à l'écart, et lui dit :
« Qu'avez-vous d'argent dans votre caisse ? » —
« Juste, répond le procureur, ce qui m'est absolu-
« ment nécessaire pour nourrir demain la commu-
« nauté, maintenant, vous le savez, fort nombreuse. »
« — Mais encore, combien avez-vous ? — Cin-
« quante écus. — Quoi ! il n'y a pas d'autre argent
« dans la maison ? — Non, Monsieur ; cinquante écus
« seulement, pas une obole de plus. — Au nom de
« Dieu, continua le saint, allez me les quérir. » Le
procureur va chercher ses derniers écus, et les remet
à Vincent, qui les verse dans la bourse de la charité
pour parfaire le budget d'un mois. Du lendemain, il
n'avait nul souci, s'en remettant en toute confiance
à la Providence divine. La Providence, en effet, dans
la personne d'un des ＿igneurs de l'assemblée, avait
tout vu et tout entendu ; et, le lendemain, un sac de
mille francs était envoyé à Saint-Lazare.

Non-seulement Vincent donnait jusqu'au nécessaire
de sa communauté, pour nourrir ses pauvres ; mais
plusieurs fois, il se réduisit même à faire des em-
prunts. La preuve en est dans une lettre du dernier
avril 1550, à M. de l'Epinay, supérieur de la maison
de Toul, où se trouve ce passage : « Il est nécessaire

« qu'en cette misérable saison, nous empruntions
« pour nous nourrir et pour soulager les pauvres. »

L'argent et la boue était absolument la même
chose aux yeux de Vincent de Paul ; et, s'il préférait
l'un à l'autre, ce n'était que par rapport au bon et
saint usage que l'on peut en faire. Aussi ne comptait-
il pour rien les dépenses énormes qu'il fut obligé de
faire.

XIX — VINCENT DE PAUL DEMANDE LA PAIX

AU CARDINAL DE RICHELIEU

La triste condition de la Lorraine émut de pitié presque tous les contemporains. Les puissances étrangères, le Pape à leur tête, se crurent obligées d'adresser quelques représentations à la cour de France. Tout auprès du monarque lui-même, des âmes généreuses se sentirent troublées à la vue de tant de misères. Le confesseur de Louis XIII, le Père Caussin, fut de ce nombre. Lorsque, aidé de Mlle de La Fayette, il tenta assez étourdiment de ruiner auprès du roi le crédit de Richelieu, il ne manqua pas, en énumérant les méfaits du cardinal, d'inquiéter la conscience de son royal pénitent, sur les traitements infligés à ses sujets lorrains. Jamais, selon lui, pareilles horreurs n'avaient été autorisées sous le gouvernement d'un roi chrétien. Il comparait le sort des habitants de la Lorraine, à celui des juifs de Jérusalem; mais les Lorrains, disait-il, avaient été plus maltraités : *Sola Lotharingia Jérosolyman calamitate vincit.*

De son côté, Mlle de La Fayette, persuadée par l'évêque de Limoges, insinuait au roi « qu'il blessait « sa conscience en retenant injustement le bien de la « maison de Lorraine, et que le peuple accablé d'im- « pôts pour la continuation de la guerre, n'avait « plus le même attachement pour sa Majesté. »

Les scrupules du Père Caussin, et les prières de Mlle de La Fayette, touchèrent un instant, mais n'ébranlèrent pas le Roi. Il était avant tout profondé- ment résolu à ne pas compromettre la sûreté de sa nouvelle conquête.

L'insistance sur un sujet si délicat servit seulement à précipiter la disgrâce des imprudents conseillers. Ces faits se passaient fin 1636, ou commencement de 1637 ; car, en cette année, le P. Bagot succéda au P. Caussin, et Louise de La Fayette entra à la Visi- tation.

Quant à Richelieu, il n'avait rien à apprendre sur le sort actuel de la Lorraine. Ces rigueurs inouïes, cette complète dévastation, qui effarouchaient l'esprit timoré du jésuite et l'âme tendre de la favorite, avaient eu lieu par son ordre. Loin de lui inspirer aucun remords, elles faisaient partie de sa politique. Elles étaient nécessaires au succès d'une combinaison diplomatique, dont il n'a point parlé dans ses mémoi- res, mais qui n'en préoccupait pas moins alors sa puis- sante imagination. Il s'agissait de décider Charles IV à céder de bonne grâce son duché, en retour de la province d'Auvergne. Richelieu, n'avait rien né- gligé pour préparer l'accomplissement de ce projet.

Tous les agents du cardinal dans cette affaire, M. de Salins, l'abbé de Coursan, et enfin M. de Fontenay avait tous commandement de n'oublier pas d'insister auprès du duc Charles sur le déplorable état de la Lorraine : « Les domaines de la Lorraine, disait le « cardinal, étant réduits à rien, les Lorrains morts « pour la plupart, les villages brûlés, les villes dé- « sertes, de telle sorte qu'il n'y a pas moyen de réta- « blir la Lorraine d'un siècle entier..... Sa Majesté, « pour donner au duc le moyen de vivre en homme « de sa naissance et de sa condition, lui donnera « l'Auvergne en retour de la Lorraine, ayant égard à « la ruine totale de celle-ci : lequel Auvergne est une « fois plus grand que la Lorraine, plus fertile et abon- « dant en toutes choses, riche, quantité de noblesse, « grandes villes opulentes, évêchés et grands béné- « fices, et lesdits pays conservés de toutes parts et « protégés par les Etats du roi, qui environnent ledit « Auvergne, ce qui est le plus grand avantage que le « duc pût jamais désirer. »

Soit défaut de confiance en des propositions qui lui arrivaient par des voies détournées, soit honte à renoncer à ses sujets qui ne le renonçaient pas, Charles IV parut attacher peu d'importance à toutes ces ouvertures; il se contenta de répondre : « Qu'il « entendait rentrer dans ses Etats de Lorraine et pays « de Barrois, ainsi qu'ils étaient à la mort de son « père. » La guerre, à laquelle chacun en appelait, reprit avec vivacité, promenant ses plus impitoyables ravages dans le malheureux pays, cause et victime de cette longue querelle.

Un homme pourtant se rencontra, étranger par sa naissance à la Lorraine, qui ne s'en éprit pas moins pour elle d'une de ces compassions ardentes, que les grandes infortunes ont parfois le don d'exciter chez les natures d'élite. Nous voulons parler de Vincent de Paul, dont le nom se rencontre plus souvent dans les pieuses chroniques des prêtres de son Ordre, que sous la plume des écrivains politiques de cette époque. Cependant la discrète autorité qu'il avait acquise par ses vertus apostoliques, par son active charité, le respect général qu'il inspirait à chacun, même à Richelieu, n'ont pas été sans exercer sur les affaires de son temps une certaine influence, qui méritait d'être un peu indiquée.

Vincent vivait dans la presqu'intimité d'Anne d'Autriche. Il ne faisait point, tant s'en faut, partie de cet entourage de mécontents, qui avaient alors pris couleur pour la Reine contre le cardinal; gens un peu brouillons de leur nature, plus dévoués que réfléchis, ils donnaient alors assez d'embarras à Richelieu, en attendant ceux que, plus tard, ils devaient, pendant la Régence, causer à leur propre maîtresse. Mais il ne comptait pas non plus parmi les créatures du cardinal; il ne se piquait pas comme la plupart de ses confrères du clergé, de tout approuver dans la conduite des affaires publiques.

Souvent choisi par Anne d'Autriche pour être le dispensateur de ses aumônes, il s'était senti naturelle ment attiré vers cette Reine, si peu recherchée de son mari, presque persécutée par le puissant ministre, humiliée de n'avoir pas donné encore d'héritier à la couronne de France, et qui pieuse et retirée, s'efforçait alors de trouver dans de secrètes bonnes œuvres le soulagement à tant de tristesses.

La guerre récemment entreprise, et poussée avec vigueur contre le cabinet de Madrid, désolait particulièrement la femme de Louis XIII. Elle n'était pas insensible non plus aux malheurs du duc de Lorraine qu'elle avait connu aux jours heureux de sa jeunesse, et qui n'avait depuis jamais cessé de professer pour elle un dévouement chevaleresque.

La politique, qui tendait à prolonger indéfiniment ces fâcheux différends, était donc fort sévèrement jugée par tous ceux que la Reine avait admis dans son étroite société.

Mais il n'était pas besoin que cette princesse et les personnages considérables avec lesquels Vincent se trouvait aussi en rapport habituel, s'appliquassent à lui faire partager leurs impressions. Sa charité évangélique s'était émue, la première, des malheurs de la guerre : « Voyant tant de mauvais effets causés par « la guerre, dit Abelly, qui écrivit son histoire peu « d'années après la mort du saint, et dédia son livre « à la Reine, et considérant les horribles péchés, les « blasphèmes, les sacrilèges et profanations des cho- « ses les plus saintes, les meurtres et toutes les vio- « lences qu'on exerçait sur les personnes même « innocentes..... son cœur s'en trouva tellement « saisi et comme outré de douleur, qu'il résolut con- « tre toutes les raisons que la prudence humaine lui

« pouvait suggérer, d'employer un moyen dont le
« succès paraissait assez douteux, et qui pouvait lui
« être fort préjudiciable. » Ce fut d'aller trouver le
cardinal ministre, et de le supplier de donner la paix
à la France.

Après lui avoir représenté, avec tout le respect et
tous les ménagements possibles, les misères des
peuples, les injures faites à Dieu, et tous les désordres qui sont la suite d'une longue et cruelle
guerre, il se jeta à ses pieds et lui dit, d'une voix
animée par la douleur et par la charité : « La paix,
« Monseigneur, donnez-nous la paix ! Ayez pitié de
« nous ! Donnez la paix à la France ! » Un grand et
formidable ministre veut que tout le monde, au
moins en sa présence, trouve qu'il a raison, et peut
s'offenser de toute observation où il entrevoit un
blâme. Richelieu ne s'offensa pas de la liberté de
notre Saint : il parut même touché de la liberté avec
laquelle il lui parlait, et, le relevant, il lui dit avec
bonté et quelqu'émotion : « Monsieur Vincent, moi
« aussi je désire la paix. Je travaille sérieusement à
« la pacification de l'Europe : mais elle ne dépend
« pas de moi seul. Au dedans, comme au dehors du
« royaume, il y a un grand nombre de personnes
« dont le concours m'est nécessaire pour la con-
« clure. »

Vincent de Paul déçu dans sa pieuse tentative, ne
témoigna aucune humeur, ni ne chercha à renverser
le terrible ministre. Il ne s'efforça pas, comme avait
fait le Père Caussin, de nouer une cabale, ni avec le

duc d'Angoulème, ni avec celle des filles de la Reine qui plaisait le mieux au Roi ; mais il fit beaucoup mieux : il s'appliqua simplement, avec la plus admirable activité, et une générosité qui jamais ne se lassa à secourir les pauvres Lorrains, auxquels il n'avait pu procurer la paix.

Ainsi, les plus généreux secours arrivaient aux Lorrains, du même pays d'où leur provenaient tant de maux. Des mains françaises leur portaient les plus rudes coups, et d'autres mains également françaises pansaient en même temps, avec une admirable pitié leurs profondes blessures. (D'Haussonville, *Histoire de la réunion de la Lorraine à la France*, II, 79-89 ; — *La vie de saint Vincent de Paul*, par Abelly, — par Collet, in-4°, II, 316 ; — par Maynard, tome IV.)

La paix, objet de si ardents désirs, toujours entravée par l'ambition et la politique, devait se faire attendre longtemps encore : Elle ne fut donnée à la Lorraine, à la France, à l'Europe, que par le dernier traité, signé à Paris, le dernier février 1661 ; ce qui donna à cette longue et cruelle guerre, le nom de guerre de Trente Ans, qui fut le terme de sa durée.

Richelieu qui l'avait déchaînée sur le monde, était mort le 4 décembre 1642 ; — Louis XIII l'avait suivi de près, étant mort le 14 mai 1643 ; — Charles IV, la grande victime de cette guerre, mourut le 18 septembre 1675 ; — Vincent de Paul, mort le 27 septembre 1660, ne vit pas sur la terre cette paix, qu'il avait tant désirée.

Aucun des biographes de Vincent n'a précisé, ne fût-ce que par un à peu près, la date de cette démarche qu'il fit près de Richelieu, pour le déterminer à la paix. Il me paraît probable qu'elle suivit d'assez près les démarches du Père Caussin et de Mademoiselle de La Fayette, auprès de Louis XIII, et qu'elle précéda l'envoi des premiers secours réguliers en Lorraine; elle aurait donc eu lieu dans la première moitié de l'année 1638.

XX. — FRÈRE MATHIEU RENARD

Cette histoire de la charité de Vincent de Paul, en Lorraine, ne serait pas complète, si je ne faisais connaître l'un des plus intrépides et intelligents coopérateurs, l'instrument de sa correspondance de Paris en Lorraine, le Frère Mathieu Renard. Les grandes dames de la cour, la Reine elle-même, s'intéressèrent plus d'une fois au récit de ses dramatiques aventures ; mes lecteurs aussi y prendront intérêt, et en admirant le courage et les ressources d'esprit de ce bon Frère, ils admireront encore la sûreté du discernement de Vincent de Paul, dans le choix des hommes nécessaires à cette grande et difficile mission. N'est-il pas juste d'associer à sa gloire ceux qui furent les instruments de sa charité, et surtout le frère Mathieu Renard, à qui du reste, nous devons la conservation de la plupart des touchants souvenirs mentionnés tout à l'heure ? Car c'est du frère Mathieu, que tous les témoins interrogés au procès de canonisation ont déclaré tenir les détails qu'ils savaient sur l'assistance de la Lorraine.

(Summ; p. 167), que d'ambassades, pompeusement relatées dans l'histoire, sont moins précieuses devant Dieu, et méritent moins d'être célébrées parmi les hommes, que l'ambassade obscure de cet humble messager, dont tous les pas et toutes les saintes ruses n'ont tourné qu'au soulagement de la province!

Mathieu Renard était né à Brienne-le-Chateau, au diocèse de Troyes, le. . . . . et il est mort à Saint-Lazare, le 5 octobre 1669. Il a dressé lui-même, sans doute sur l'ordre d'Alméras et dans l'intérêt de la canonisation de son vénéré Père, une relation de ses voyages charitables. Odyssée d'une nouvelle sorte, où les prodiges ne manquent pas plus que les aventures, où une *divinité* intervient sans cesse, pour arracher l'humble héros au péril. La *divinité*, c'est Vincent lui-même; car c'est aux prières et aux mérites du Saint, que le frère Mathieu attribue toujours sa délivrance et son salut.

Dans un temps où la campagne était battue sans cesse par des troupes de soldats, de voleurs ou de brigands, il n'y avait pas de sûreté, ni pour la bourse, ni pour la vie, à voyager en Lorraine. Quiconque portait quelque argent, était détroussé sans scrupule, quand il n'était pas massacré sans miséricorde. Les Croates surtout, cantonnés dans quelque forteresse, se posaient là en vigie, d'où ils fondaient sur tout voyageur qui traversait la plaine, sans distinction d'ami ou d'ennemi, mais réservant le privilège de leur cruel brigandage aux plus riches passants. Or, frère Mathieu portait toujours au moins 20,000 livres d'aumônes, souvent jusqu'à 10 ou 11,000 écus en or, et une fois jusqu'à 50,000 livres.

Eh bien, avec cette riche proie à travers tant de périls et dans le cours de cinquante-quatre voyages, il ne perdit jamais ni un cheveu, ni une obole. Admirable triomphe d'adresse et d'intelligence, sans doute, mais plus évidente protection de Dieu !

S'unissait-il à un convoi ? le convoi était attaqué, battu, enlevé, et frère Mathieu échappait toujours. S'associait-il à des voyageurs ? Il les quittait un moment, comme par un ordre secret de la Providence ; et dans ce moment même, des voleurs les dépouillaient sans l'avoir aperçu.

Il traversa souvent des bois infestés de soldats ou de brigands, ce qui était tout un : en découvrait-il une troupe ? Soudain, il jetait dans les broussailles, dans une flaque d'eau, la besace déchirée qui contenait sa bourse ; et, libre ainsi, sans timidité comme sans audace, il allait droit à eux : quelques fois on le fouillait ; le plus souvent on laissait passer, sans lui rien dire, ce pauvre homme qui n'avait plus même le signe caractéristique du gueux, la besace ; rarement il était insulté ou maltraité. Après avoir subi l'inspection des voleurs, il continuait tranquillement sa route, et, quand il les voyait à quelque distance, il revenait sur ses pas et reprenait son argent.

Un soir, il fut rencontré par des filous qui commencèrent par le mener dans un bois pour l'effrayer ; après quoi ils visitèrent toutes ses poches, tous les plis et replis de ses habits. et, n'ayant rien trouvé, i's lui demandèrent s'il ne payerait pas bien cinquante pistoles de rançon. « 50 pistoles! s'écria le frère tout « étonné, un pauvre homme comme moi! Eh! quand « j'aurais 50 vies, je ne pourrais pas les racheter « d'un gros de Lorraine! » A cette exclamation, les voleurs le laissèrent passer.

Chargé un jour de 34,000 livres, il se vit tout à coup assailli par un homme bien monté, qui, le pistolet à la main, le fit marcher devant lui pour le fouiller à l'écart.

Le danger était pressant et frère Mathieu observait attentivement son ennemi, pour surprendre un moment favorable. Il le voit tourner la tête : soudain il laisse doucement glisser sa bourse, et chemine doublement allégé. A cent pas de là, il se retourne brusquement, et se met à faire au cavalier de grandes révérences. Celui-ci prit pour un fou le rusé frère, qui ne voulait qu'imprimer des traces profondes dans une terre fraîchement labourée, afin de retrouver son trésor. Il le retrouva, en effet, après avoir subi sur sur le bord d'un précipice une visite rigoureuse qui ne lui coûta que la perte de son couteau.

Le plus grand embarras peut-être où il se soit trouvé, fut un jour que, cheminant dans une plaine, il découvrit une bande de Croates. Pas moyen d'échapper à leurs regards? et où cacher son or? Heureusement, il aperçoit une touffe d'herbes, y laisse tomber sa bourse, la recouvre encore du pied, jette à terre à quatre ou cinq pas plus loin, un petit bâton qu'il portait à la main, et qui devait lui servir de jalon et il passe tranquillement au milieu des soldats. Quelque temps après, il revient sur ses pas. Mais c'était le soir, l'obscurité était venue. Il cherche à droite et à gauche, sans s'éloigner toutefois, la plus grande partie de la nuit ; et, ne retrouvant rien, il se couche là, se recommande à Dieu et attend l'aurore. A la pointe du jour, il retrouve la précieuse besace et reprend joyeusement sa route.

A la fin, il lui fut très difficile de dérober sa marche. Il était connu de toute la Lorraine, et les voleurs attendaient son passage avec la même impa-... nce que les pauvres. Chose merveilleuse! Dieu lui suscita des défenseurs parmi les chefs même des pillards. Par exemple, un capitaine embusqué près de Saint-Mihiel, le fait un jour, sans mauvais dessein, connaître de ses soldats ; et les voyant fondre sur lui, il bande son pistolet : « Je casserai la tête, s'écrie-t-il « d'un ton ferme, à quiconque sera assez enragé « pour faire du mal à cet homme qui ne fait que du « bien. »

En d'autres circonstances, Dieu lui-même se chargeait de dérouter ses ennemis et de rendre leurs pièges inutiles. Ainsi, les Croates, ayant appris une fois qu'il était au château de Nomeny avec une forte somme, se mirent de tous côtés en embuscade, pour ne pas le manquer à sa sortie. Frère Mathieu à force d'instances obtient qu'on lui ouvre une poterne, et avant le point du jour, il peut atteindre un sentier dérobé et désert. Les Croates le croyaient encore à Nomeny, qu'il était déjà à Pont-à-Mousson.

Etonnés de ne le pas voir paraître, ils forcèrent l'entrée du château, et, apprenant son départ, furieux d'avoir manqué leur proie : « Il faut que Dieu. ou « plutôt le diable, disent-ils en jurant, ait enlevé par-« dessus les bois ce maudit frère. »

Tout le monde sut bientôt, en Lorraine, la merveilleuse protection dont Dieu enveloppait le bon frère; et, désormais, quand on voulait voyager, sa seule compagnie était estimée plus sûre que toutes les escortes. La comtesse de Montgomméry s'était munie des passe-ports du roi de France, du roi d'Espagne et du duc de Lorraine, et elle n'avait pu se garantir du pillage. Aussi n'osait-elle continuer sa route, de Metz à Verdun. Elle apprend alors que le frère Mathieu se dispose à faire le même voyage; elle le fait venir : « Montez dans ma voiture, lui dit-« elle, je vous en prie; vous me vaudrez mieux que « tous les passe-port du monde. » Et en effet, tous les deux arrivèrent sans encombre à Verdun.

Quand le frère Mathieu fut de retour à Paris, la Reine se plut souvent à l'appeler auprès d'elle, pour entendre le récit de ses aventures, et des mille stratagèmes qu'il imaginait suivant les rencontres, et qu'il variait à l'infini, lorsqu'ils étaient éventés. On le félicitait de son intelligence et de son bonheur; pour lui, il renvoyait tous ces succès à la foi et à la charité, aux prières et aux mortifications de saint Vincent de Paul. Ainsi, faisaient les missionnaires, quand ils voulaient expliquer aux autres, ou s'expliquer à eux-mêmes, la fructification de leurs paroles et de leurs

aumônes : « C'était Vincent, disaient-ils, en même
« temps que l'Esprit de Dieu, qui avait parlé par leurs
« bouches, et avait donné à leurs prédications une
« telle vertu; c'était la bénédiction reçue au sortir de
« ses mains, qui avait multiplié les aumônes, en pro-
« portion de tant de misères : car, dans leur total, les
« aumônes, divisées à l'infini, selon d'innombrables
« besoins, devaient se réduire à l'imperceptible, et
« cependant elles avaient suffi aux plus pressantes
« calamités. »

XXI. — ÉVALUATION DES AUMONES
DE VINCENT DE PAUL EN LORRAINE.

Il ne suffit pas d'avoir rassemblé tous les traits de cette merveilleuse charité de Vincent; on demande le chiffre total de ces aumônes distribuées dans notre province, pendant une durée de huit ou dix années. Cette question ne sera jamais nettement résolue; mais voici les évaluations que nous possédons.

Dans sa Relation, Frère Mathieu, le porteur de ces aumônes en Lorraine, les estime à 1,600,000 livres! Mais notons que dans cette somme ne sont compris ni les meubles, ni les étoffes, ni les calices et autres objets du culte. Or, qu'on juge de la valeur de ces aumônes en nature, par ce fait seul que Vincent fit passer en Lorraine, à diverses reprises, environ quatorze mille aunes de draperies de toutes couleurs et de toute espèce, destinées à couvrir le pauvre peuple, la noblesse et la bourgeoisie, le clergé séculier et les communautés religieuses : en outre, il fournit presque seul, un très grand nombre d'églises dépouillées de linges et d'ornements, de vases et de mobilier sacré. Ce n'est plus alors à 1,600,000 livres, c'est à deux millions au moins qu'il faut porter le total des secours envoyés en Lorraine, c'est-à-dire à près de huit millions de notre monnaie actuelle; et cela, dans le temps où les plus riches étaient à l'étroit, où la cour elle-même était épuisée, si bien que la Reine et la duchesse d'Aiguillon se virent une fois réduites à envoyer les tentures et les lits de deuil, qui avaient servi aux funérailles de Louis XIII et de Richelieu.

Tels furent approximativement les secours envoyés en Lorraine, et y transportés par le Frère Mathieu Renard. Mais bien plus inappréciables sont les secours distribués à Paris, sans avoir passé par les mains du Frère Renard, soit aux jeunes filles et religieuses qu'on y avait attirées, soit aux réfugiés du peuple et de la pauvre noblesse. Les secours de la noblesse ne durèrent pas moins de huit années consécutives; ce sont tous ces secours qu'il faudrait pouvoir ajouter à notre chiffre de deux millions, pour connaître tout ce que la charité de saint Vincent de Paul fit en faveur de notre malheureuse province. Quoique nous manquions totalement de base pour évaluer le total de ces dernières charités; il me semble que je ne serai point téméraire en disant que le tout ensemble représenterait, au bas mot, un capital d'au moins dix millions de notre monnaie actuelle.

Malgré ce chiffre énorme dépensé pour soulager les misères de notre Lorraine, notre siècle lui-même, calculateur autant qu'incrédule, ne viendra jamais à bout d'apurer les comptes de cette malheureuse province, s'il ne recourt au miracle de la multiplication des pains, s'il ne porte à l'actif de la charité des quotités inconnues, attirées du trésor de Dieu dans ses coffres, par les prières du saint Prêtre, dont les œuvres même successives seraient un enchaînement de prodiges, mais qui, concordant ensemble, forment une masse que la foi et la charité seules, à leur plus haute puissance, ont pu soulever et porter.

XXII. — SOUVENIR ET OUBLI
DE CETTE CHARITÉ.

M. l'abbé Maynard, le dernier historien de Vincent de Paul, s'est ensuite enquis du souvenir que toutes ces charités de son héros auraient laissé dans notre province (IV 122-123) question que n'avait pas traité Collet, son devancier.

« M. A. Digot, dit-il, le moderne historien de la Lorraine, si souvent cité par nous, s'étonne avec raison que les plus anciens Annalistes de la province, pendant la guerre de Trente-Ans, n'aient pas daigné même nommer son sauveur, et que les documents originaux du temps ne mentionnent pas la charitable intervention de Vincent de Paul. Consulté de nouveau à notre invitation, ainsi que M. Henri Lepage, archiviste de la Meurthe et M. de Dumast, si savant dans l'histoire religieuse de son pays, M. Digot a répondu n'avoir jamais rencontré de vieux document manuscrit, qui en parlât.

D'où vient un tel silence? Est-ce ignorance? Est-ce ingratitude? Ces messieurs ont supposé que M. Vincent, comme on l'appelait alors, n'étant pas encore parvenu à sa grande célébrité, son rôle a dû se perdre dans celui de ses collaborateurs. »

« Mais, sinon au commencement, quoiqu'il eût déjà fait ses plus grandes œuvres, au moins à la fin, Vincent de Paul était entré dans toute sa notoriété. D'ailleurs, nous verrons que dix ans plus tard, alors qu'il était au plus haut point de renommée, et malgré des services plus grands encore, on ne trouve pas davantage sa trace dans les mémoires et monuments publics, qui nous ont peint la désolation de Paris et de nos provinces. »

« Ces messieurs veulent encore que l'action générale de Vincent et des siens en Lorraine n'ait pas été fort remarquées ; et cela, parce que le peuple lorrain devait regarder comme toutes naturelles et toutes obligatoires des aumônes qui, malgré leur chiffre énorme, ne réparaient qu'une partie du mal commis par les Français. De la part de prêtres français, les dons et les soins les plus charitables, ne lui semblaient guères que l'acquit d'une dette, et qu'une sorte de restitution faite à la décharge de leurs compatriotes incendiaires et pillards. »

« Il peut y avoir du vrai dans cette appréciation ; mais on peut et on doit y opposer les pièces citées par Abelly et par Collet, pièces officielles, écrites par les gouverneurs et magistrats des villes, qui toutes renferment l'expression de la reconnaissance publique pour Vincent, font appel à sa charité, comme à l'unique Providence de la Lorraine, et le proclament son sauveur.

« On serait plus près de la vérité en disant que l'histoire, surtout en France, a été trop intérieure, trop
royale et aristocratique, trop amoureuse des faits
d'armes et du succès ; de là, l'oubli du peuple et de
ses souffrances, de ses bienfaiteurs et de leurs aumônes ;
de là, ces bruits de batailles et ces cris de victoire qui
ont couvert les gémissements des malheureux, et les
ont empêché de parvenir jusqu'à notre oreille. »

Ajoutons à ceci quelques réflexions, et enfin quelques notes.

Il est vrai que nos chroniques lorraines ne disent
mot de la charité de Vincent de Paul.

Il est vrai aussi que les archives des villes sont pareillement muettes sur ce sujet. Mais ceci est facile à
comprendre : les documents manuscrits de ces archives
sont exclusivement des actes administratifs. L'action
charitable de Vincent était œuvre privée, de pure
bienfaisance, et en dehors de la voie administrative ;
il est tout naturel que les administrations du temps ne
l'aient pas enregistrée dans leurs actes divers. Pierre
Fourier n'a aucune mention dans les archives de Mirecourt ; il n'en a aucune dans les archives de Gray,
où il séjourna ses quatre dernières années ; son nom
y apparaît seulement le 23 janvier 1641, lors des
premières démarches pour conserver son corps. Est-
ce qu'il serait possible de conclure de ce silence quoi
que ce soit contre Pierre Fourier, ou contre les bourgeois de Mirecourt et de Gray ? Bien certainement non.

Oui, l'histoire en France a toujours été trop extérieure, trop aristocratique et trop royale. Elle n'a voulu connaître que les faits d'armes, les faits et les querelles de la royauté et de l'aristocratie: elle a oublié le droit, la justice et l'humanité, elle a oublié le peuple et ses souffrances; on le foulait, on l'écrasait, on l'exterminait; elle ne l'a pas même su. Alors comment, pourquoi se serait-elle occupée des humbles bienfaiteurs du peuple ?

« Nos histoires les plus circonstanciées, écrit le « comte d'Haussonville, II, page 889, ne se sont « guères étendues sur les malheurs supportés par la « Lorraine, avant sa réunion à la France. Elles n'ont « pas daigné davantage rapporter les soins touchants « qu'une partie de la nation victorieuse a charitable- « ment prodigués à des adversaires trop accablés. »

En effet, si nous cherchions dans les historiens de France, l'état malheureux de la Lorraine à cette époque, nous ne l'y trouverions pas. Mais si vous y cherchez pareillement les malheurs non moins grands de la Picardie, de la Champagne, de la banlieue et des faubourgs de Paris à partir de 1650, sous Mazarin, vous n'en trouverez pas davantage. Il faudra encore demander cette lamentable histoire aux hagiographes de Vincent de Paul. Alors le peuple ne comptait pas pour les historiens, de même qu'il ne comptait pas pour Richelieu et Mazarin, pour Louis XIII et Louis XIV.

Mais comment les Lorrains, qui ont enregistré avec tant de soin et de précision, tout les faits de la grande Passion lorraine, dont ils avaient été les victimes et les témoins; comment nos historiens du XVIIIe siècle, dom Calmet principalement, ont-ils gardé un silence absolu sur l'intervention charitable de Vincent de Paul en Lorraine ? Ce silence a dû étonner plus d'un esprit curieux, car l'action charitable que nous avons racontée, fut un fait prodigieux, en tant qu'elle fut l'œuvre d'un seul homme, l'œuvre d'un pauvre prêtre, fils d'un très humble laboureur : elle fut une œuvre si prodigieuse que les vies des Saints, que les annales de l'Eglise ne renferment pas un autre fait qui approche de celui-ci. Pourquoi donc nos chroniqueurs lorrains, qui certainement ont connu cette action charitable, ont-ils affecté de le passer sous silence ?

L'explication donnée ci-dessus, me parait la plus vraie ; seulement, elle est présentée d'une façon trop succincte ; essayons de la développer en d'autres termes et telle qu'elle nous apparaît.

Les charités de Vincent étaient immenses pour ceux qui en étaient l'objet ou les témoins ; mais en rapport avec l'immensité et la persévérance des misères à soulager, elles n'étaient plus que comme un peu d'eau jeté sur un vaste incendie, comme une rosée tombant sur un sol desséché, et qu'un brûlant soleil évapore aussitôt. Vincent se dévouait pour donner du pain, des remèdes, des vêtements et des consolations religieuses ; mais sans cesse, et plus infatigables que Vincent, et couvrant la Lorraine et les provinces voisines, les gouverneurs et généraux de la France, les armées de la France, paralysaient toutes les forces vives de la Lorraine, même celles qui n'étaient point belligérantes, creusaient et agrandissaient le gouffre de ses misères et de ses douleurs. La charité de Vincent, tout immense qu'elle fût, ne pouvait compenser le mal, prémunir contre le mal; elle n'aboutissait qu'à le réparer au jour le jour, et en quelques détails.

Une impression profonde, ineffaçable, indestructible domina seule dans l'âme des générations qui suivirent : c'est l'horreur des excès de cette guerre, qui n'eut point de semblables dans les temps modernes, et n'en aura peut-être plus; ses excès furent sans mesure, sans raison d'être, injustifiables devant la politique, comme devant la religion et l'humanité; ses excès furent le mal pour le mal, sous le simple prétexte de raison de guerre, sans excuse de nécessité politique, car la politique dominait seule, et primait, dans les conseils de Richelieu, la justice, le droit, la religion et l'humanité. Richelieu avait décidé que la France devait s'annexer la Lorraine, comme aucuns décident qu'ils s'annexeront la caisse du banquier leur voisin, laquelle arrondira leur fortune; c'est là, dit-on, la preuve évidente d'un grand génie politique; mais est-ce que cette entreprise d'annexion donnait le droit d'anéantir cette malheureuse province, le droit d'écraser et de broyer à ce point la population lorraine, même non belligérante, et cela pendant trente années et cela quand la Lorraine était domptée, écrasée, presqu'anéantie à ne pouvoir se relever ?

C'est là ce que les Lorrains ne comprirent jamais, et ce qu'ils ne pouvaient comprendre. C'est là ce que ne comprendront pas davantage ceux qui étudieront bien curieusement la guerre Franco-Suédoise, dite la guerre de Trente-Ans.

Oui, Vincent de Paul, par sa merveilleuse charité, fut la Providence et le salut des pauvres lorrains de ce temps-là ; nous, leurs descendants, nous devons exalter cette charité, qui n'a point d'égale dans l'histoire des peuples. Mais pourquoi les gouverneurs et généraux envoyés en Lorraine par la France, s'acharnèrent-ils à multiplier, à éterniser la misère, chaque jour et partout à détruire l'œuvre de Vincent, sans raison, sans nécessité et sans profit ! L'impression du mal a dominé celle de la charité ; elle l'a absorbée et seule elle lui a survécu.

Et ceci est dans la nature des choses. Ainsi il en est encore de nos jours. Quel est le sentiment le plus vivace qui subsiste après la guerre de 1870-1871 ? l'horreur des excès inutiles et barbares, commis en quelques lieux par les armées allemandes ; et cependant cette guerre ne fut qu'une guerre d'agneaux, comparée à la guerre de Trente-Ans ; et les soldats de Bismarck, à l'air raide et farouche, ne sont plus que des séminaristes quand on les compare aux soldats de Richelieu et de ses alliés.

Plusieurs ont déjà étudié sérieusement cette malheureuse période de l'histoire de notre province ; mais il est une source de documents authentiques et circonstanciés, qui n'a guère encore été consultée ; elle est d'une incroyable richesse ; il serait intéressant de l'épuiser, en la dépouillant depuis environ 1630 jusques la fin : ce sont les registres des receveurs des prévôtés, formant le fond des chambres des comptes de Lorraine et de Bar.

Pour composer le tableau le plus complet et le plus saisissant des extrêmes misères de Lorraine pendant la guerre franco-suédoise, il suffirait d'en extraire les mentions diverses concernant l'état de la Lorraine, année par année, et en les aboutant les unes aux autres. Cette étude, qui serait l'histoire de la province et celle de toutes les localités, laquelle n'existe vraiment pas dans nos statistiques, faites sans documents, ne demande qu'un fouilleur patient et dévoué.

Il a été dit que tous nos historiens lorrains ont omis de faire mention de la charité de Vincent de Paul, nous allons les passer en revue dans leur ordre chronologique.

Il n'en est dit mot dans les Mémoires de Beauveau, dont la première édition remonte à l'année 1686 ou 1687.

Le P. Benoit Picard, dont l'histoire de Toul porte la date de 1707, contient cette mention, à la page 679 : « M. de Gournay pria M. Vincent de vouloir « lui donner quelques-uns de sa Congrégation, pour « avoir soin du séminaire qu'il avait dessein d'établir « Ce pieux et vénérable serviteur de Dieu, qui lui « était ami et qui avait déjà fait paraître dans cette « province les effets singuliers de sa charité, ne put « refuser au prélat une demande aussi juste. Il envoya « en 1635, deux prêtres qui furent logés au Saint- « Esprit. » Il se trompe en supposant les charités des prêtres de la Mission dans la ville de Toul, avant l'année 1636 ; elles sont quelque peu postérieures.

Dom A. Calmet, dans son *Histoire de Lorraine*,

dont la première édition est de 1728, mentionne, tome III, col. 674, l'établissement du séminaire de Toul, mais ne dit mot des charités de Vincent.

Roussel, *Histoire de Verdun*, in-4°, p. 519, leur consacre les lignes suivantes : « Durant toutes ces « calamités, la Providence divine se servit du chari- « table Vincent de Paul, pour faire tenir à Verdun des « aumônes considérables, en sorte que la mémoire de « ce saint fondateur des Pères de la Mission fut long- « temps en bénédiction parmi les pauvres de ce « pays. »

De L'Isle, dont l'*Histoire de Saint-Mihiel* parut en 1767, en parle de même en ces termes, à la page 359: « En ce temps-là même, un bon frère Mission- « naire vint à Saint-Mihiel, pour distribuer des au- « mônes aux pauvres maisons religieuses et à la « Noblesse; elles y furent comprises et assez large- « ment, ce fut en 1642. Mais on n'était point encore « à la fin de la misère. »

Nous avons noté que Lionnois dans son *Histoire de Nancy*, n'a pas même prononcé le nom de Vincent de Paul, quoiqu'il ait décrit minutieusement la misère de Nancy pendant toute cette époque.

Un grand nombre de nos modernes historiens ont fait mention de la charité de Vincent de Paul en Lorraine.

A. Digot, *Histoire de Lorraine*, 1856, tome V, page 290-291.

D'Haussonville, *Histoire de la réunion de la Lorraine à la France*, édition de 1856, t. II, p. 83-88.

Dumont, *Histoire de Saint-Mihiel*, rappelle exclusivement les charités réparties dans cette ville, t, II, p. 62-64.

L'abbé Guillaume, *Histoire du diocèse de Toul et de celui de Nancy*. 1866, t. III, pages 225-227.

F. Jacquot, *Histoire de la Lorraine*, 1871, p. 115.

V. de Saint Mauris, *Etudes historiques sur l'ancienne Lorraine*, 1861, t. II, pages 132-133.

F. des Robert, *Campagnes de Charles IV*, 1883, pages 368-372.

Louis Lallement, avocat à la cour de Nancy, publia en 1853, dans le journal l'*Espérance*, une note étendue sur la charité de Vincent de Paul en Lorraine, qu'il avait lue dans la conférence de saint Vincent de Paul de la paroisse Saint-Epvre. Cette note empruntée aux divers historiens du saint patron de la charité est le plus ample et le premier témoignage qui lui ait été rendu, dans notre contrée.

C'est par les sociétés de Saint Vincent de Paul que la connaissance de ce fait de la charité de Vincent de Paul est devenue familière, même à nos écrivains.

FIN

TABLE

DE LA

CHARITÉ DE VINCENT DE PAUL

EN LORRAINE

— 150 —

NANCY. — IMPRIMERIE CATHOLIQUE DE RENÉ VAGNER.

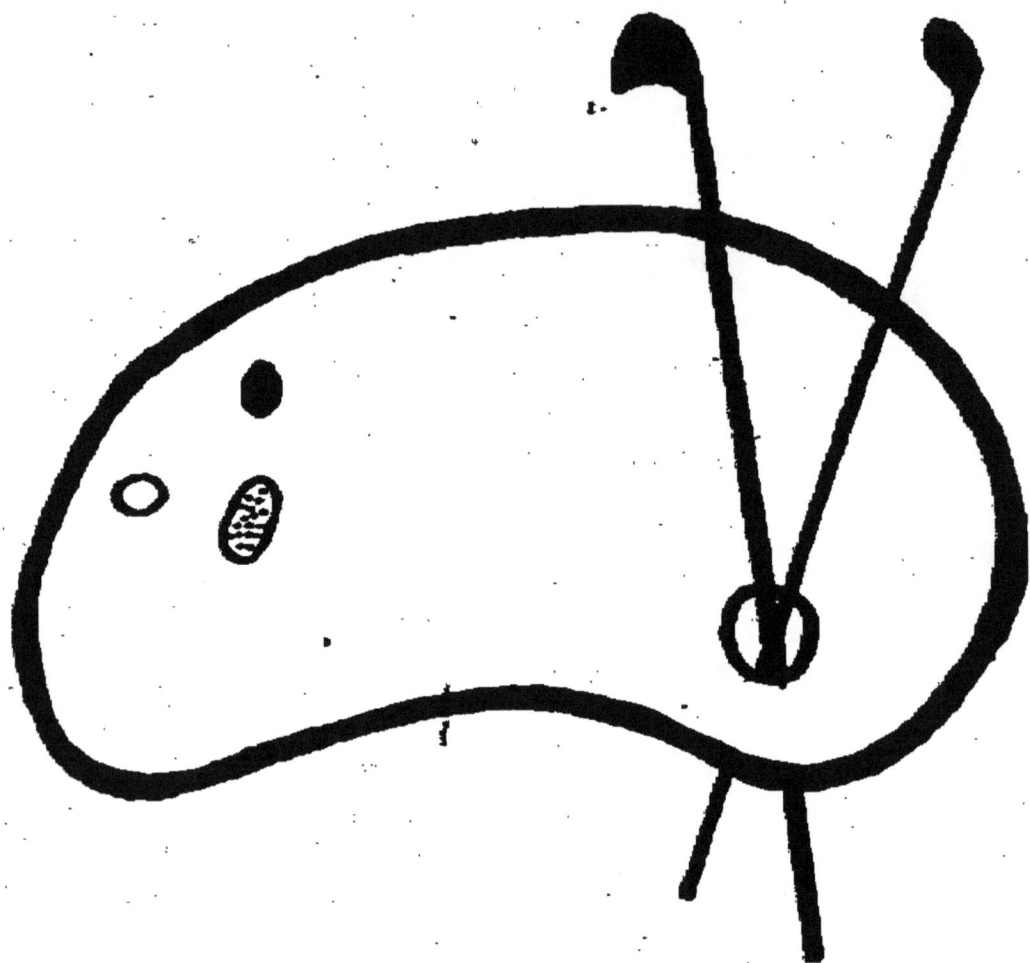

www.ingramcontent.com/pod-product-compliance
Lightning Source LLC
Chambersburg PA
CBHW060802110426
42739CB00032BA/2495